Prisonnier 325, camp Delta

Nizar Sassi
Avec la collaboration de Guy Benhamou

Prisonnier 325, camp Delta

De Vénissieux à Guantanamo

© Éditions Denoël, 2006

Je m'appelle Nizar Sassi, j'ai vingt-sept ans et j'ai passé quatre années de ma vie derrière les barreaux, dont trente mois à Guantanamo, le camp de prisonniers le plus secret du monde. Pour rien.

Je sais, c'est difficile à croire. Pour l'opinion, ceux qui sont là-bas sont forcément tous des combattants ou des terroristes. Il y en a. C'est vrai. Mais beaucoup d'autres s'y sont retrouvés sans même savoir pourquoi.

Je fais partie de ceux-là. De ceux qui se sont trouvés au mauvais endroit et au mauvais moment, par inconscience, imprudence ou insouciance. De ceux qui n'ont commis aucun crime mais qui ont été condamnés avant d'être jugés.

Mon histoire est un peu la leur. La voici.

1
Jours tranquilles aux Minguettes

Je suis né le 1er août 1979 à Lyon, dans une famille originaire de Tunisie. Mes parents sont arrivés en France à la fin des années 70 et se sont installés aux Minguettes, une cité de Vénissieux, dans la banlieue de Lyon. Ce sont des gens modestes. Mon père est ouvrier : il a longtemps travaillé en usine avant de tomber malade et de se retrouver en invalidité. Issu d'une famille très pauvre, il a trimé dès l'âge de huit ans. Autant dire qu'il n'a pas beaucoup mis les pieds à l'école. Il ne sait ni lire ni écrire. Ma mère a consacré sa vie à nous élever, moi, mes quatre frères et mes deux sœurs. Sept enfants à la maison, c'était un boulot à plein temps. Mais contrairement à papa, maman a fait des études, elle est cultivée.

On a toujours habité le même immeuble, dans un appartement petit mais où chacun a sa place. Les trois chambres sont réparties de façon simple : une pour les parents, une pour les filles, une pour les garçons.

Évidemment, ce n'est pas toujours facile de faire ses devoirs, le soir, quand les uns ou les autres chahutent, se bagarrent ou mettent de la musique à fond. Mais si on est à l'étroit, on ne se marche pas dessus. Au contraire. Dès qu'il manque quelqu'un, il manque quelque chose à tout le monde. Au fond, on est heureux comme ça, dans ce nid familial si chaleureux.

Et puis il y a aussi les oncles, les tantes et les cousins, qui vivent à côté. Il ne se passe pas une semaine sans qu'on se retrouve tous, une fois chez l'un, une fois chez l'autre. Il faut qu'on soit ensemble le plus souvent possible.

Mes parents veillent aussi à maintenir le lien avec le pays. Ils veulent que l'on connaisse la famille qui est restée là-bas, et que l'on soit fiers de nos origines. Alors, nous y passons les vacances d'été, mais un an sur deux seulement, car le voyage à sept coûte trop cher. Je garde le souvenir du village, avec des rues en terre battue et les vaches devant la maison de ma grand-mère. J'y passe de formidables vacances avec mes frères et mes sœurs.

À l'école primaire, ça marche plutôt bien, les institutrices disent à mes parents que j'ai beaucoup de capacités. Les choses se gâtent au collège, puis au lycée. Je me laisse gagner par l'ambiance générale, qui est au laisser-aller. Ceux qui veulent vraiment bosser doivent s'accrocher. Et je n'en fais pas partie. Je préfère rejoindre la majorité assez peu silencieuse, le camp de ceux qui s'amusent plutôt que de suivre les cours. C'est quelque chose que je regrette énormément aujourd'hui. L'école, c'est une chance que l'on m'offrait et je ne l'ai pas saisie. Mais quand on a douze ou treize ans, on a parfois du mal à le comprendre.

À la fin de la troisième, vu mes mauvais résultats, je suis orienté d'office vers un brevet d'enseignement professionnel. Personne ne m'a demandé mon avis. Je me retrouve au lycée Hector-Guimard, à Lyon, en section fonderie. Je ne connais pas, mais je déteste aussitôt. Tout est noir, sale, l'ambiance est lourde. J'ai l'impression de me retrouver à l'usine. Ce n'est pas mon truc. En plus, dès les premiers travaux pratiques, je reçois une goutte de métal en fusion sur le pied. Je suis sérieusement brûlé. Alors, je mets les pouces. À partir de ce moment, je ne fais strictement plus rien. À la fin de cette première année perdue, je demande à changer. On m'envoie alors au lycée Léon-Blum à Saint-Fons, en section plasturgie, pour y apprendre les techniques de moulage et de fabrication des pièces en matière plastique. Les locaux sont bien, l'équipement du dernier cri, c'est propre et c'est un secteur où il y a du travail pour des gens bien formés. Mais il y a un petit souci : les élèves ne sont pas là pour bosser. Tous arrivent des autres lycées de la région, où ils ne foutaient rien. Résultat de ce regroupement, personne ne fait rien.

À Saint-Fons, les cours sont de longues séances de rigolade. Un jour, un intervenant vient nous faire une conférence sur le racisme. On est dans une grande salle. Le type fait un petit discours. Puis on ferme les rideaux, sans doute pour projeter un film ou des diapos. Je n'en sais rien, et personne ne le saura, d'ailleurs. Car à peine les lumières éteintes, c'est le déchaînement, toutes les chaises se mettent à voler, ça crie, ça hurle.

À l'atelier, pendant les travaux pratiques, il faut savoir faire deux choses en même temps. Régler sa machine et surveiller ses arrières. Car de temps en temps, les boulons fusent au-dessus des têtes. Ne parlons pas de ceux qui fument du shit dans la cour ou de ceux qui arrivent au lycée au volant de voitures volées. Voilà comment on travaille.

Après une année de ce régime tranquille, nouveau changement. L'Éducation nationale décide de reprendre en main le lycée de Saint-Fons où plus rien ne va. Les effectifs sont dispersés. On me renvoie à Hector-Guimard, en section plasturgie, pour terminer ma deuxième année de BEP.

Cette formation et le diplôme qui était au bout auraient sans doute pu m'ouvrir des portes. J'aurais malgré tout pu le décrocher, j'en avais les moyens. Et ma mère me l'a dit et répété : « Prends ton diplôme, ne t'occupe pas des autres. Même si tu dois faire autre chose après, prends-le. » Elle me citait en exemple Fredj, mon grand frère, de deux ans mon aîné, qui préparait son bac professionnel de mécanique générale. Mais lui savait ce qu'il voulait faire. Il avait déjà compris que tout passe par les études, et que pour bosser il lui fallait ce bac pro. Moi, non. Je ne savais rien, et surtout pas ce que j'avais envie de faire.

Petit, mon rêve, c'était d'être footballeur professionnel. Je me débrouillais bien avec la balle. Et dès que j'ai eu l'âge de jouer chez les benjamins, je me suis inscrit à l'AS Minguettes, le club du quartier. Un môme des Minguettes a bien réussi à percer dans ce milieu, après tout. Luis Fernandez a joué au PSG, en équipe de France. Pourquoi pas moi ? Alors, j'ai mouillé le maillot frappé d'une tête de tigre rugissant. Et puis, alors que ça marchait bien et que j'aimais ça, j'ai arrêté, je ne sais pas pourquoi. Manque de motivation, de désir ? Un de mes copains du club, plus pugnace et plus décidé à faire quelque chose de sa vie, a continué. Il joue maintenant en première division en Allemagne.

Aux Minguettes, en ce début des années 90, la vie est difficile. Le chômage frappe beaucoup de familles du quartier. L'argent est rare au point que je me souviens encore comme si c'était hier du jour où mon père m'a donné deux francs. Deux francs, une petite fortune… Signe révélateur, les parkings sont vides. Personne n'a les moyens de se payer une voiture. Les seules automobiles qui traînent là, ce sont le plus souvent des voitures volées. Parce que ça deale et ça trafique un peu partout dans la cité.

Dans cet environnement difficile, ma mère redouble de vigilance. Pas question que ses enfants tombent dans la délinquance. Alors elle nous parle. Énormément. J'ai très vite avec elle une grande complicité. Face à mes interrogations d'adolescent, elle fait preuve d'une patience infinie, d'une grande écoute, et donne toutes les réponses aux questions que je lui pose. Sans cesse, elle nous fait comprendre la chance que nous avons de vivre en France. Elle nous parle de la misère qu'elle a connue en Tunisie. Elle nous dit que bien sûr, en tant qu'enfants d'immigrés, nous sommes défavorisés, mais que nous avons une chance qu'il faut saisir. Elle nous inculque la tolérance, le respect et les limites à ne jamais dépasser. Grâce à elle, je sais ce que je peux faire, et ce que je ne ferai jamais.

Alors, les bandes peuvent bien se faire et se défaire dans la cité, c'est sans moi. Je les côtoie, bien sûr. Comment faire autrement dans ce quartier où nous sommes tous nés, où tout le monde connaît tout le monde ? Mais je reste à distance. L'argent facile et les grosses cylindrées des dealers, non merci.

Ce dont j'ai besoin, je préfère le gagner à la sueur de mon front. Comme les parents n'ont pas les moyens de nous donner de l'argent de poche, je me débrouille. Dès que j'ai seize ans, l'âge légal, j'occupe les jours sans école en travaillant sur les marchés, aux Minguettes le jeudi et le samedi, et à Vaulx-en-Velin le dimanche. Ces jours-là, pas question de grasse matinée. Je me lève à l'aube et je fais le tour des étals en cours d'installation. Je demande ici et là qui a besoin d'un coup de main. Au début, ça ne marche pas toujours. Puis assez vite, je trouve un job régulier aux Minguettes, sur un stand de quincaillerie. Il faut déballer et remballer les lourdes caisses d'outillage. J'aide aussi le patron à vendre sa marchandise. Le travail est très dur, les caisses pèsent des tonnes et j'ai mal au dos à force de les porter. Mais je ramasse fièrement 70 francs par matinée. Le dimanche, c'est plus cool : j'ai trouvé une place chez un marchand de poussettes au marché aux puces de Vaulx-en-Velin.

En juin 1998, j'en ai définitivement terminé avec l'école. Je quitte le lycée Hector-Guimard sans regrets et sans diplôme, au grand désespoir de ma mère. Il est temps pour moi de me mettre au boulot. Un voisin ami de mon frère aîné travaille comme agent de sécurité à Eurexpo, le grand parc des expositions de Lyon. Par son intermédiaire, je décroche un rendez-vous avec le patron de la société. Et je suis embauché.

On ne travaille que lorsqu'il y a des expositions ou des salons, c'est-à-dire, en moyenne, une semaine par mois. Mais d'emblée j'aime ce boulot. Parce que, enfin, je sors du monde clos des Minguettes, coincé entre l'école, le lycée et la cité, à toujours voir les mêmes têtes, les mêmes gens. J'avais envie de voir le monde ? Je suis servi. Les visiteurs d'Eurexpo viennent de partout, de tous les pays, de tous les horizons. Bon, je ne suis qu'un simple vigile, et il m'arrive de me retrouver à surveiller un parking. Mais qu'importe, je suis au milieu de ce monde qui bouge. J'aide, je renseigne, je dépanne, je rassure. Je suis utile. Je parle aux gens. J'aime ça.

Et puis, au gré des salons, je vois défiler mille choses. Les industriels du jouet succèdent aux artistes qui laissent la place aux créateurs de lingerie ou aux fabricants de mobilier. Je regarde, j'écoute et je me régale.

Malheureusement, au bout de huit mois, la petite société qui m'emploie perd le contrat avec Eurexpo. Celle qui reprend l'activité exige la possession d'un diplôme, que je n'ai pas. Je me tourne aussitôt vers la mission locale pour l'emploi pour voir si je peux trouver la formation adéquate. Et là, je tombe sur une annonce de recrutement d'agents de médiation pour le métro de Lyon. Coup de téléphone, rendez-vous, réunion un matin à l'ANPE avec tous les candidats. On remplit les formulaires, et on attend la réponse.

L'après-midi même, je suis convoqué par le responsable. C'est bon.

Me voilà agent de médiation du métro. Après quelques jours de formation, je suis sur le terrain. La tenue de travail est stricte : pantalon à pinces, veste pied-de-poule, chemise blanche. Nous travaillons toujours par deux, et j'ai la chance de faire équipe avec un copain des Minguettes. On a une radio. Notre rôle ? Faciliter la vie des usagers. Au moindre souci, on essaie de parler avec les gens. Dans 99 % des cas, cela suffit à régler les problèmes. Reste le 1 %, lorsque malgré nos efforts les choses dégénèrent. Nous faisons alors appel aux services de sécurité, soit celui des transports en commun, soit la police.

Je travaille de 18 heures à 1 heure du matin, cinq jours par semaine week-end compris. Le samedi, le service commence plus tôt, de midi à 19 heures. Ce jour-là, c'est la foule, la cohue. Comme les soirs de match à Gerland. On patrouille sur le secteur de ligne qui nous est attribué. On monte dans les rames, on regarde s'il y a un souci. Si tout va bien, on descend et on prend la suivante.

J'aime ce travail, le contact quotidien avec les usagers. Les gens finissent par nous reconnaître, par apprécier notre présence. Ils savent qu'on est là pour les aider. On a parfois droit à un petit sourire, un signe imperceptible. Comme un « merci » muet qui nous fait plaisir. Je fais aussi la connaissance des squatters du métro, des pauvres types qui traînent là pour se mettre à l'abri mais qui ne font de mal à personne. Il faut parfois leur demander d'aller plus loin, ou de remonter prendre l'air, lorsque leur présence pose un problème. Mais si on s'y prend correctement, si on parle bien avec eux, tout se passe sans accrocs. Restent les coups plus durs, comme ce jour où je fais équipe avec mon copain. On est à la station Bellecour. Je m'absente une minute, le temps d'aller aux toilettes. Mon pote attend dans le couloir. Lorsque je reviens, plus personne. Je cherche. Je regarde à droite, à gauche, et je le vois. Ses pieds ne touchent plus terre. Plusieurs types l'entourent, dont un qui le tient littéralement à bout de bras et puis le balance contre un panneau publicitaire. J'interviens, on se chiffonne un peu et je calme tout le monde. Il faut dire que mon mètre quatre-vingt-cinq et mes quatre-vingt-dix-huit kilos ont souvent un effet apaisant sur les plus énervés. Lorsque la sécurité arrive, on emmène les agresseurs de mon pote dans un bureau, et là, on trouve sur l'un d'eux un couteau d'au moins vingt centimètres de long. Mince alors... Ce jour-là, j'ai eu des sueurs froides à retardement.

Grâce à mon travail et à mes premiers salaires, je passe mon permis et j'achète une vieille Super 5 pour aller bosser. Je peux aussi enfin aider ma famille en ramenant de l'argent à la maison. Lorsque je suis de repos, je rends visite à mes potes, je sors avec mes copines. Je ne reste jamais sans rien faire, toujours à courir chez l'une ou chez l'autre. Une ou deux fois par mois, j'aime aller en boîte, pas pour picoler, juste pour écouter la musique, danser, m'amuser. Mais j'habite toujours chez mes parents. Il ne me vient pas à l'idée de partir. Ce ne sont pourtant pas les occasions qui manquent. Plus d'une fois, une copine m'a proposé de m'installer avec elle, dans son appartement. Très peu pour moi. Même passer la nuit avec elle, c'est trop. Il faut que je rentre au bercail, c'est là que je suis bien.

Début 2000, je commence à m'interroger sur mon avenir. J'aime toujours mon travail dans le métro, mais je ne vois pas où cela va me mener. Pas de perspectives, pas d'évolution. Moi, je veux autre chose, je veux que ça bouge. Alors, je retourne à l'antenne emploi et je remplis trois dossiers. Le premier pour un emploi jeune aux Transports en commun lyonnais (TCL) afin de devenir chauffeur de bus. Le deuxième pour être agent de médiation à la mairie de Vénissieux. Le troisième pour un poste d'adjoint de sécurité dans la police.

Les flics, je les connais bien. Lorsque j'étais vigile à Eurexpo puis en tant qu'agent de médiation dans le métro, j'étais en contact étroit avec eux. Je sors même avec une jeune fliquette rencontrée en boîte, avec qui tout se passe super bien. Et puis j'ai une vraie passion pour les armes. J'adore ça. C'est une affaire qui remonte à loin.

Aux Minguettes, les armes sont plus un sujet de conversation que de préoccupation. Il y a bien quelques calibres qui circulent dans les caves, des petits caïds qui friment en sortant un fusil à pompe d'une couverture. Non, ce qui fait parler des armes, ce sont les souvenirs des plus grands, ceux qui ont connu les années 80 aux Minguettes, les grosses voitures, le deal à grande échelle, les gangs, quand c'était « chaud ». Vrai ou faux, allez savoir, et nous, les minots, on s'en fiche, ces histoires nous ont fait rêver. On se faisait des films, on se courait après avec nos pistolets à plomb en imaginant tirer du 9 millimètres.

En mettant les pieds dans le monde de la sécurité, je n'ai fait qu'attiser ma passion. Car beaucoup de types qui travaillent dans ce domaine sont d'anciens policiers, gendarmes ou militaires. Des amateurs d'armes, eux aussi, qui les connaissent, en parlent et, souvent, en ont. Pas toujours de façon très légale, d'ailleurs, mais peu importe. Alors je me régale. Plus d'une fois, des collègues amènent leur « matériel », pour le montrer, comparer. On parle technique, poids, tenue en main, précision de tir. Moi, j'écoute, je regarde, j'en prends plein les yeux.

Pour assouvir cette passion, je songe à m'engager dans l'armée. Après tout, c'est l'endroit idéal pour ce genre d'activité. Alors, juste avant de remplir mes trois dossiers, je fais un tour au centre de recrutement du Quartier Général Frère, à Gerland. Et je déchante : on me demande de m'engager au moins trois ans. Trois années loin de la maison, moi qui n'ai jamais quitté le domicile de mes parents plus de huit jours, c'est impensable. Je renonce à la carrière militaire.

Reste donc la police. La formation d'adjoint de sécurité me permettrait de rester dans les parages et de rentrer le soir chez moi. Et je pourrais enfin manipuler ces armes dont je rêve, les tenir en main, tirer avec.

Les premiers à me convoquer pour des tests sont les Transports en commun lyonnais. Je subis une série d'épreuves psychotechniques. Je ne sais pas pourquoi, quelque chose ne passe pas. Je suis recalé. Je n'ai pas le temps de m'interroger sur cet échec car je suis invité à participer à une réunion pour devenir agent de médiation à Vénissieux. On nous explique en quoi consiste le travail, qu'une formation est prévue à l'issue du contrat, avec des possibilités d'intégrer un poste au sein de la mairie. Je passe des entretiens, et on m'engage. Du coup, je ne dépose même pas le dossier pour la police nationale. Me voilà agent de médiation.

Après un mois de formation, centrée sur la façon de se comporter vis-à-vis du public, j'inaugure mes nouvelles fonctions en novembre 2000. Le travail n'est pas bien compliqué : il s'agit de sécuriser un immense parking situé en plein cœur des Minguettes. Faire en sorte que personne ne vienne voler ou casser les voitures. On est deux, installés dans un bungalow, près des barrières d'entrée et de sortie du parking. On est en service de 18 heures à 6 heures du matin, en se relayant. On dispose d'un petit poste de télé, d'un téléphone relié directement au poste central et au commissariat, de toilettes. Et voilà. En fait, on fait surtout de la présence et pas d'intervention. Du moment que les gens savent que le parking est gardé, tout se passe bien. Les voleurs s'en vont ailleurs faire leur marché, dans les endroits où ils ne risquent pas d'être dérangés.

C'est un travail tranquille, à deux pas de chez moi, en plein cœur de ce quartier où je connais tout le monde et qui me laisse du temps de libre. Je suis assez content d'avoir décroché le job. Avec un petit bémol : moi qui aime tant le contact avec le public, c'est raté. La nuit, les usagers du parking sont très rares. Je me retrouve en tête à tête avec mon collègue. Je suis un peu déçu. Mais je prends mon mal en patience, en pensant aux possibilités de formation à venir dont on nous a parlé le jour de notre recrutement. Je sais que je ne resterai pas éternellement sur ce parking.

L'un des collègues avec qui je partage mes nuits sur le parking est un musulman pratiquant. Moi, la religion, ce n'est pas mon fort. Je crois en Dieu, mais cela ne va guère plus loin. Je ne parle pas un mot d'arabe, je ne connais aucune prière, je ne mets jamais les pieds dans une mosquée. Moi, j'ai vingt ans, je sors en boîte, je cours les filles. Je vis, quoi. Mais je n'oublie pas qui je suis. Plus jeune, je suis allé de temps à autre à la mosquée, comme ça, plus par tradition que par conviction. Alors, un vendredi d'avril 2001, je décide d'assister à la prière de la mosquée de Lyon. Un peu comme un chrétien qui va à la messe un dimanche, pour renouer avec sa communauté. Sans plus.

Il y a un monde fou. Je suis ébahi par la foule qui se presse dans la salle de prière dont le sol est recouvert de tapis. J'essaie de suivre comme je peux le déroulement de la cérémonie. Puis je sors. C'est alors que je croise un gars des Minguettes. Je le connais de vue. Il a une trentaine d'années, je sais que sa famille tient une mosquée, mais je ne lui ai jamais adressé la parole.

Il me reconnaît, lui aussi, et s'approche. On se salue. La conversation s'engage. On parle de tout, de rien. Et puisque nous habitons le même quartier, il propose de me raccompagner. Dans la voiture, il me parle un peu de ses voyages. Il est allé dans un tas de pays. Ça m'intéresse énormément, ce côté aventures. Il est même allé en Afghanistan. Incroyable. Je l'écoute, bouche bée. Ce pays, ça doit être quelque chose. Je lui pose des questions. Et forcément, en parlant de l'Afghanistan, on en vient à parler d'armes. D'après ce qu'il me dit, là-bas, tout le monde en a. On trouve ce que l'on veut, on achète comme on veut, pour presque rien, on tire comme on veut. Un vrai paradis, quoi.

Cette rencontre me laisse dans un état de fébrilité incroyable. Je rêve déjà d'aller dans ce pays magique pour y brûler des cartouches par milliers. C'est bien simple, je n'attends qu'une chose : le vendredi suivant, pour le retrouver à la mosquée. Ce que je fais. J'ai du mal à le repérer dans la foule, à la sortie de la prière, mais je finis par tomber sur lui. En me voyant, il a un petit sourire, il a l'air content. On reprend notre conversation. Je le presse de mille questions. Lui me parle de camps d'entraînement. Je lui demande ce qu'on y fait, quelles armes on peut trouver. Chaque fois, ses réponses ajoutent à mon excitation. Tout est possible, on tire avec tout, il n'y a aucune limite.

En fait, je suis « accroché ». Pour posséder des armes et pouvoir m'en servir (de façon pacifique, bien sûr), je suis prêt à faire ce qu'il dit. S'il faut être communiste et aller au fin fond de la Sibérie, j'irai. S'il faut être bouddhiste et aller jusqu'au Népal, j'irai. Peu importe l'endroit et les conditions, je ne veux plus qu'une chose : faire du tir.

Je ne parle à personne de ces discussions. C'est mon nouvel ami de la mosquée qui me l'a demandé. Il a bien insisté. Alors, j'ai promis : je ne dirai rien à mes frères, rien à ma mère. Cette nécessaire discrétion ajoute un parfum de mystère et d'aventure à toute l'affaire. Loin de me rendre méfiant, bien au contraire, ce climat de secret rend la chose encore plus excitante.

Assez vite, mon nouvel ami me fait comprendre que, si je le désire, je peux moi aussi faire un petit tour en Afghanistan. Il sait comment s'y prendre et peut tout organiser pour moi. J'hésite. D'un côté, l'envie folle de réaliser mon rêve. De l'autre, la peur de l'inconnu, de cette grande aventure.

Mon interlocuteur sent que je bloque. Alors, à chacune de nos rencontres, il me relance. Il me parle de toutes les armes que l'on trouve là-bas, du pistolet à la mitrailleuse lourde. Des caisses de cartouches que l'on achète pour une bouchée de pain et que l'on peut ensuite tirer dans les montagnes, sans aucun risque. Ça me travaille tellement que l'un de mes collègues de boulot commence à s'inquiéter. Il me trouve bizarre, stressé. Et il n'a pas tort. Dans mon crâne, ça bouillonne en permanence. J'en rêve dès que je ferme les yeux. J'y vais ? J'y vais pas ?

La passion est trop forte. Après quelques jours de tergiversations, je craque. Après tout, j'ai un peu d'argent de côté, les vacances d'été arrivent. C'est le moment ou jamais de tenter l'aventure. D'oser. Un premier grand voyage avec, au bout, la réalisation de mon rêve le plus fou. Je pose toutefois une condition à ce départ : je ne veux pas partir seul. « OK, je vais te trouver quelqu'un », me répond mon contact. Et il me ramène son propre frère, Mourad.

Pour moi, c'est une garantie. Je me dis que s'il y avait le moindre risque, jamais le type n'enverrait son frère, sa chair, dans un piège. Et puis à deux, on peut toujours mieux se débrouiller. Je me sens rassuré. Je tique juste un peu quand le gars m'explique qu'il faut partir avec un faux passeport. « Tu comprends, là-bas, tu peux te le faire piquer, il n'y a pas beaucoup de sécurité, ce serait embêtant. Crois-moi, c'est mieux de faire comme ça. D'ailleurs, tout le monde fait ça. » Il me demande simplement de lui apporter deux photos d'identité. J'ai un moment d'hésitation. Puis l'envie reprend le dessus, j'obtempère.

À partir de ce moment, mon interlocuteur me presse de partir. Je lui explique qu'il faut attendre. Mon frère aîné, Fredj, va bientôt fêter ses fiançailles. Pas question de manquer un événement familial de cette importance. Après tout, cela fait vingt et un ans que j'attends l'aventure, je ne suis plus à une ou deux semaines près.

En attendant, je prépare discrètement mon expédition. J'achète des baskets solides, une lampe de poche, des bricoles que j'entasse dans un sac à dos « spécial aventure ». Trois jours après les fiançailles, tout est prêt. J'ai suivi au pied de la lettre les instructions de mon ami de la mosquée : avec Mourad, on a pris deux billets de train pour Paris et deux tickets Paris-Londres par autocar. « Là-bas, un ami à moi s'occupera de vous. Vous lui donnerez l'argent, il vous achètera les billets d'avion. »

Je lui demande : pourquoi Londres ? En fait, il n'y a pas de vol pour l'Afghanistan des taliban. Les relations internationales ont été suspendues. On est obligés de passer par le Pakistan et de terminer le voyage par la route. Or, les vols au départ de Paris arrivent à Karachi, la capitale, trop éloignée de la frontière afghane. En revanche, il existe un vol direct Londres-Islamabad, à deux cents kilomètres de la frontière. C'est plus simple. Nous, on fait comme on nous dit.

Mon paquetage est prêt. Chez moi, en ce mois de juin 2001, l'ambiance est insouciante. Chacun prépare ses vacances de son côté. Mon père est déjà parti en Tunisie. Je dis simplement à ma mère que je pars pour l'Angleterre, que je vais travailler deux ou trois mois là-bas. « Je vous appelle dès que j'arrive. » Au boulot, je me suis arrangé avec un collègue qui pourra, si je traîne un peu, me remplacer deux ou trois semaines. J'ai également vidé mon compte en banque : je pars avec vingt mille francs en liquide. Je me dis qu'il faudra bien ça, sur place, pour assouvir ma passion. Car j'ai bien l'intention de tout essayer, de l'arme de poing aux armes lourdes, et de ne pas lésiner sur les munitions. Je vais tout claquer dans un grand fracas de détonations, une sorte de feu d'artifice à mon usage exclusif.

2

Destination Kandahar

Le 21 juin en fin de journée, mon ami de la mosquée nous dépose, Mourad et moi, à la gare de La Part-Dieu. Juste avant de monter dans le train, il nous tend « nos » passeports. Pour la première fois de ma vie, je vois de près à quoi ressemblent des faux papiers. Sous ma photo, il y a un nom inconnu, une adresse où je n'ai jamais mis les pieds. Il nous remet également un petit bout de papier sur lequel il a inscrit un numéro. C'est le téléphone de notre contact sur place. Il est temps de grimper dans le TGV. « Allez, bon voyage. » Il me serre la main, embrasse son frère et tourne les talons. À nous de jouer.

En regardant la campagne française qui défile à toute vitesse sous mes yeux, je ne cesse de me pincer. Tous ces gens, dehors, dans les villages, vaquent à leurs occupations habituelles. Et nous, nous sommes en route pour l'aventure. Certes, à l'excitation se mêle un léger soupçon d'inquiétude. Qu'allons-nous trouver au bout de notre route ? Je sais qu'en Afghanistan, c'est un peu le bazar. Ça se bagarre depuis des années. Mais moi, honnêtement, je m'en fous comme de ma première chemise. Taliban, Alliance du Nord, je n'ai pas de favoris. Moi, la seule chose qui m'intéresse, c'est d'y aller, de faire mon truc et de rentrer à la maison. Après, ils peuvent bien s'entre-tuer si ça leur chante, ce n'est pas mon affaire.

Autre chose, aussi, pour que les choses soient claires. Je sais bien que « n'importe qui » ne peut pas aller faire un petit tour en Afghanistan. Et que si mon nouvel ami de la mosquée m'a offert cette possibilité, c'est parce que nous sommes de la même communauté, qu'il m'a rencontré lors de la prière du vendredi. Pas besoin d'avoir fait de longues études pour comprendre que les « vrais musulmans » peuvent partir. Je le sais depuis le début. Et j'ai décidé de jouer le jeu. De faire comme si. Cela n'est pas très difficile, d'ailleurs. Mon interlocuteur ne me demandera jamais de faire la preuve de ma foi. Lui, comme ceux que je rencontrerai plus tard, partent du principe que tout musulman est un adepte convaincu de leurs idées. Ces idées, je ne les connais pas, ou à peine, et surtout je m'en fous. Tout ce qui m'intéresse, c'est mon stage à balles réelles. Et pour cela, il suffit de pas grand-chose : ne pas poser de questions, ne pas dire non et respecter les horaires des prières. Il faudra aussi que je cesse de me raser.

Le voyage se déroule sans anicroche. Nous passons la nuit dans le bus, avec un intermède dans le train qui traverse le tunnel sous la Manche. Les douaniers britanniques jettent un coup d'œil distrait sur nos passeports. Nous voilà dans la capitale britannique. Autour de nous, dans le hall de la gare routière, il y a foule. Je repère des gens qui distribuent des prospectus publicitaires vantant les mérites d'un hôtel pour les Français. On se dirige vers eux. Des types très sympa, qui nous indiquent le guichet pour acheter une carte de téléphone, les cabines pour appeler. Tout roule. Je compose le numéro griffonné sur mon papier, et là, les premières difficultés surgissent. L'homme au bout du fil parle uniquement l'anglais et l'arabe. Langues que ni Mourad ni moi ne maîtrisons. J'essaie les trois mots de dialecte tunisien que je connais, on baragouine comme on peut. Je finis par comprendre qu'il faut aller à une station de métro qui a un nom compliqué, mais qui se termine par « park ». Il raccroche.

Nous voilà bien. Je me tourne à nouveau vers le petit groupe de Français. L'un des types m'explique qu'à Londres, le quartier peuplé principalement d'immigrés musulmans est situé du côté de Finsbury Park. Oui, c'est ça, je reconnais le nom prononcé par mon interlocuteur. Nous voilà remis sur la bonne route. Salut, les gars, et merci.

À peine sortis du métro à Finsbury Park, nous savons que nous sommes au bon endroit. Autour de nous, beaucoup d'hommes barbus, portant le vêtement traditionnel, quelques femmes, toutes voilées. On est en plein quartier arabe. Nous rappelons notre contact depuis une cabine publique. Au bout d'un moment, il se décide à venir nous chercher et nous conduit, non pas dans un hôtel, comme nous le pensions, mais chez lui. Il nous fait comprendre que nous pouvons sortir un peu dans le quartier, et nous donne un jeu de clés. Il nous demande aussi l'argent et les passeports, car il doit s'occuper des billets. On obtempère, et il disparaît.

Nous nous installons chez cet homme dont nous ne connaissons même pas le nom. Il va, il vient. Il nous apporte à manger. Nous sortons un peu dans le quartier, pour tromper l'attente. Curieusement, cette situation pour le moins étrange me plaît. Moi, le surveillant du parking des Minguettes, me voilà en territoire étranger, avec de faux papiers, dans un appartement anonyme. Je suis dans un film d'aventures. Sauf que, cette fois, c'est moi le héros. Un vrai rêve de gosse.

Enfin, le troisième jour, notre contact nous demande de prendre nos affaires et nous conduit dans le centre-ville, jusqu'à une gare. Il nous fait comprendre que nous devons prendre un train qui va nous mener directement à l'aéroport, nous remet nos passeports et nos deux billets, Londres Islamabad, départ le 25 juin, retour open. C'est-à-dire à une date indéterminée. C'est le système le plus souple. Cela nous permettra de rentrer lorsque nous en aurons assez vu et assez fait. De toute façon, nous ne pouvons pas passer plus de six semaines sur place. C'est le grand maximum, pour ma famille, pour mon boulot. J'espère seulement que cela sera suffisant pour rassasier mon envie d'armes.

Notre accompagnateur nous remet également un petit mémo avec le nom d'un hôtel où nous devrons impérativement nous rendre, et un numéro de téléphone à appeler une fois là-bas. C'est celui de notre « passeur », l'homme qui nous emmènera de l'autre côté de la frontière. Mon ami de la mosquée de Lyon est quelqu'un sur qui on peut compter. Il a tout organisé, et cela me rassure. Je n'ose même pas imaginer comment on aurait pu se débrouiller seuls, Mourad et moi. Je range le précieux sésame dans mon sac banane, et nous sautons dans la navette pour l'aéroport.

Une fois à Heathrow, nous nous présentons au comptoir d'enregistrement de la Pakistan International Airlines. Coup de chance, l'employé est un Français qui vit à Londres. Il prend nos billets, regarde nos passeports, et nous explique que nous ne pouvons pas partir. L'espace d'une milliseconde, j'ai la gorge qui se serre. Quelque chose qui cloche avec les faux papiers, peut-être ? Mais non. L'avion est en panne, c'est tout. Le gars de l'enregistrement nous rassure, la compagnie nous prend totalement en charge. Nous voilà donc repartis en minibus vers le centre de Londres, logés dans un superbe hôtel. Les chambres sont immenses, le dîner copieux. De quoi se consoler de ce contretemps. Car quand même, cela fait maintenant cinq jours que nous sommes partis, et nous ne sommes pas allés bien loin.

Enfin, le lendemain 26 juin, nous décollons. Les policiers du contrôle aux frontières n'ont pas tiqué en vérifiant nos passeports.

Après sept heures de vol, nous débarquons à Islamabad. Dès la descente de l'avion, j'ai l'impression d'entrer tout habillé dans un hammam. Il fait une chaleur atroce, c'est plein de moustiques, il règne une pagaille de tous les diables dans le bâtiment, des gens partout, dans tous les sens. Beaucoup d'uniformes, aussi, des soldats en armes qui patrouillent.

Nous passons très vite les contrôles et sautons dans un taxi à qui nous montrons le petit papier avec le nom de l'hôtel. Dehors, c'est la folie. Des hommes en turban, des animaux qui traînent, des guimbardes qui klaxonnent sans arrêt. Je n'arrête pas de me répéter : « Je suis au Pakistan. » Je voulais de l'aventure ? Je suis en plein dedans, comme dans un rêve. Quelle excitation de se retrouver là, pour un petit gars des Minguettes !

L'hôtel est au diapason de tout le reste : crade. Il nous faut un peu de temps pour nous acclimater, et pas seulement à la chaleur monstrueuse qui nous accable. Nous mettons un peu de temps à comprendre que nous sommes passés d'un pays industriel moderne au tiers-monde. Tout est sale, déglingué, puant. On va s'habituer.

Trouver un téléphone se révèle beaucoup moins simple qu'à Londres. Ici, pas de cabines. Il faut dégoter une sorte de comptoir minuscule, sous un panneau « taxiphone ». Le type qui se tient dans ce gourbi comprend qu'on veut joindre le numéro que je lui montre. Il se charge de le composer, parce que moi, je ne comprends rien aux chiffres qu'il faut mettre ou pas mettre en plus, pour les indicatifs. Tout est atrocement compliqué.

Lorsque j'ai la communication, j'entends que quelqu'un a décroché. Je ne dis que trois mots en arabe : on est là. J'ajoute le nom de l'hôtel et le numéro de la chambre. C'est tout. J'espère qu'à l'autre bout, on a compris. Il ne nous reste plus qu'à attendre. On essaie de se reposer un peu, mais avec la chaleur, impossible de fermer l'œil. On mange dans un bouiboui près de l'hôtel. Je ne sais pas si c'est la nourriture ou le changement de climat, toujours est-il que pour moi, l'effet est radical. Je suis pris d'une « tourista » terrible. Je me vide littéralement. Ça commence bien.

Heureusement, le passeur ne nous a pas oubliés. Deux heures à peine après notre arrivée, il se présente. C'est un Afghan, très doué pour les langues : il parle arabe, farsi et pachtoun. Mais pas français. La communication est difficile, mais on comprend l'essentiel : il nous fait signe de ramasser nos affaires. Il faut y aller. On embarque tous les trois dans une sorte de taxi. Notre passeur fait stopper le chauffeur un moment devant une espèce de souk et disparaît quelques minutes. Lorsqu'il revient, il nous lance des tenues traditionnelles pakistanaises, et deux grands sacs de toile. Compris : à partir de maintenant, pas question d'avoir l'air de touristes en balade. Nous devons nous fondre dans le paysage.

Nous sortons de la ville et notre taxi roule longtemps vers l'ouest, en direction de Peshawar, ville frontière avec l'Afghanistan. Plusieurs fois, profitant de la traversée d'un village, notre guide nous fait stopper : changement de véhicule. Je ne comprends pas bien pourquoi, mais je pense que le type a ses raisons. Une fois à Peshawar, notre accompagnateur arrête le chauffeur sur une place et désigne un hôtel, un peu plus loin. De toute évidence, l'homme ne tient pas à être vu en notre compagnie. Il nous le fait comprendre et nous donne rendez-vous pour le lendemain matin, à 4 heures, au même endroit, devant un arrêt de bus.

Cette fois, nous approchons du but. Plus que quelques kilomètres à parcourir. En m'installant dans cet hôtel miteux, le doute me saisit. La conséquence, probablement, de mes soucis intestinaux, qui ne s'arrangent pas, et de la fatigue du voyage. Mourad et moi sommes épuisés par ces sept jours de transhumance. Et ce n'est pas fini. Alors je me dis qu'il est encore temps de renoncer.

Puis une autre voix dans mon esprit me dit : « C'est trop bête. T'as payé 7 000 francs de billet d'avion, t'es venu jusqu'à la frontière. Si tu renonces, t'auras l'air de quoi, en rentrant à Lyon ? Qu'est-ce que tu raconteras aux copains ? Et puis cette occasion ne se représentera plus jamais. Il faut que tu ailles au bout. Que tu les voies, ces armes qui te font tant rêver. Que tu les tiennes dans tes mains. Que tu les possèdes, que tu les fasses parler. C'est dit. »

La nuit est courte. Il fait une chaleur terrible. J'ai beaucoup de mal à trouver le sommeil. Je pense sans arrêt à la famille, là-bas, à Lyon. Ils me manquent tous. Et ce n'est pas la compagnie de Mourad qui risque de me les faire oublier. Il est très gentil, on rigole un peu tous les deux. Mais la plupart du temps, il parle tout seul, dans son coin. Je finis quand même par sombrer dans un sommeil peuplé de rêves agités lorsque ma montre-réveil sonne. C'est l'heure. Il fait encore nuit lorsque nous nous glissons dehors, habillés en parfaits Pakistanais. Nous avons enfilé les grands pantalons serrés à la taille avec une cordelette et les larges tuniques de toile. Nous avons fourré nos bagages de randonneurs dans des sacs de jute destinés au transport d'épices. Et sur les recommandations de notre passeur, nous dissimulons du mieux que nous pouvons nos visages dans une sorte de grand morceau de tissu posé sur le crâne, un peu à la manière des dignitaires arabes que l'on voit parfois à la télé. Nous avons l'air de deux voleurs tout droit sortis d'un conte des Mille et Une Nuits.

Notre guide est à l'heure, avec une voiture et un chauffeur. Comme la veille, nous faisons plusieurs arrêts, pour changer de véhicule et de conducteur. On embarque sur de gros 4 x 4 qui tracent sur des pistes caillouteuses, dans la poussière, pendant des heures. Le paysage défile, monotone, fait de plaines désertes et de montagnes arides. On croise quelques personnes que notre guide salue au passage. Premier signe du changement, j'aperçois des gamins de dix ans à peine avec des kalachnikovs, des fusils-mitrailleurs russes. Puis notre voiture s'arrête le long d'un mur. Nous sommes le 28 juin, il est onze heures du matin. Le passeur nous fait signe. « On est arrivés. »

En fait, nous nous trouvons dans un quartier à la périphérie de Djellalabad. Une sorte de banlieue, avec des maisons éparses, assez éloignées les unes des autres, et entourées de murs. Notre guide nous montre un porche, puis remonte dans la voiture et disparaît. Nous entrons dans une vaste cour carrée, dans laquelle se trouvent plusieurs bâtiments. Il y a même une sorte de poulailler, sur la droite. Des bruits de voix nous parviennent de derrière un mur. Nous suivons d'instinct la direction, en passant sous un porche. Un groupe d'hommes en grande conversation se tient dans une autre cour. Dès qu'ils nous aperçoivent, le silence se fait. Puis, très vite, ce sont des cris de joie, des salutations : ils ont reconnu Mourad comme étant le frère de leur ami. C'est notre passeport. Nous sommes des leurs, et donc les bienvenus.

Ce petit groupe est composé d'Algériens et tous parlent français. Ils nous demandent d'où nous venons, comment s'est passé le voyage. Nous leur racontons en quelques mots. Je constate que l'homme qui nous a aidés à Londres est un de leurs amis. Ils demandent aussi des nouvelles du frère de Mourad. Une fois ces présentations terminées, nous entrons dans le vif du sujet. Moi, je suis venu pour m'entraîner, et j'aimerais bien commencer le plus tôt possible.

« Ah, il y a un problème. » L'un des membres du groupe m'explique que les taliban viennent de fermer tous les camps, dont le leur, qui se trouvait pas loin de la ville. Les maîtres de Kaboul ne tolèrent désormais plus qu'une seule installation, du côté de Kandahar, dans le sud du pays. Je commence à déchanter. On vient de faire un très long voyage, qui nous a coûté beaucoup d'argent. Tout ça pour s'entendre dire que nous arrivons trop tard ?

Avec Mourad, on se dit que c'est idiot. S'arrêter maintenant, c'est rentrer bredouille. Puisque nous sommes là, autant pousser jusqu'à Kandahar. On verra bien après. Les Algériens nous proposent donc de nous reposer un peu, puis de nous rendre à Kaboul, dans une maison « amie ». De là nous pourrons prendre la route de Kandahar.

Nous passons trois ou quatre jours à Djellalabad. Le temps file. Nous voilà maintenant dans les premiers jours de juillet. Deux semaines se sont écoulées depuis notre départ, et nous ne sommes toujours pas au bout. Heureusement, nos hôtes sont charmants, on mange bien, on discute beaucoup. Et puis j'ai un avant-goût de ce qui m'attend un peu plus loin : dans la maison, il y a une kalachnikov. Elle est destinée à assurer la sécurité des occupants. Chaque soir, l'un des membres de la maisonnée prend son tour de garde, l'arme à la main. Évidemment, pas question de jouer avec, et encore moins de l'utiliser. Je me contente de regarder avec les yeux et de parler d'armes avec les autres.

Le 2 juillet, l'un des Algériens nous annonce que tout est réglé : nous pouvons partir, on nous attend à Kaboul. Il va d'ailleurs nous accompagner jusqu'à Kandahar. Le taxi nous dépose dans la capitale quatre heures plus tard. La maison des Algériens est située un peu en dehors de la ville, juste en face du bâtiment dans lequel est installé le bureau local de la chaîne de télé arabe Al Djezira. Nous y sommes accueillis comme des frères. J'y rencontre un Français, de passage comme nous, avec qui j'échange quelques mots. Le temps pour nos hôtes de se renseigner, ils nous expliquent qu'il n'y a plus de places d'avion pour aller à Kandahar. Il ne reste donc qu'une seule solution : la voiture. Et comme il faut compter dix-sept heures de voyage, mieux vaut partir tout de suite.

Le voyage est terrible. Je souffre toujours de diarrhées épouvantables, il fait une chaleur à crever, la route est complètement défoncée, les amortisseurs du taxi ont rendu l'âme depuis longtemps. C'est la misère totale. Après avoir roulé pendant des heures, notre chauffeur s'arrête soudain au bord de la piste, en rase campagne. Il fait nuit noire depuis un bon moment déjà. Le taxi ne parle qu'afghan, mais l'Algérien qui nous accompagne fait office de traducteur. Pas vraiment nécessaire d'ailleurs, on avait compris qu'il n'irait pas plus loin pour ce soir. Le chauffeur nous conduit un peu à l'écart de la route, dans une sorte de cabane sans toit, se couche à même le sol et s'endort. Bon. Que faire d'autre ? Je déroule mon sac de couchage, Mourad fait de même. À peine allongé, j'entends des bruits bizarres. Des cris, des grattements. J'aperçois la silhouette d'un chat énorme qui s'arrête, pousse une sorte de rugissement de lion et repart. Juste après, ce sont des chiens qui passent. Un vrai film d'horreur. Je sens que je ne vais pas fermer l'œil de la nuit si je reste dans cet endroit. Alors, je ramasse mon barda et je retourne dans la voiture. D'ailleurs, Mourad ne tarde pas à m'y rejoindre. Nous sommes à l'étroit, tassés sur la banquette arrière. Mais au moins, on se sent en sécurité dans l'habitacle.

Les premières lueurs du jour pointent au-dessus des montagnes, à l'est, lorsque notre chauffeur se glisse sur son siège. Sans un mot, il remet le contact et démarre. Moins d'une heure après, nous entrons enfin dans Kandahar.

Le taxi nous dépose sans un mot jusque devant un grand porche. Nous le payons, puis nous suivons l'Algérien. L'homme nous fait entrer. Le porche ouvre sur une sorte de grande villa, dans laquelle beaucoup d'hommes vont et viennent. Il fait quelques présentations et nous installe dans un coin. Puis il s'éloigne pour parlementer en arabe avec d'autres hommes. Lorsqu'il revient vers nous, il nous explique que tout est réglé. « C'est bon. Pour l'instant, vous restez ici. Puis demain, on vous conduira au camp. »

Avant de repartir, notre guide de ces derniers jours nous confie à l'un de ses amis, un autre Algérien qui est venu suivre l'entraînement. C'est un garçon très gentil, parlant parfaitement l'arabe et le français, et qui nous sera d'un grand secours pour la suite. Le temps de faire plus ample connaissance et de bavarder, on nous rassemble et on nous fait monter dans un petit autobus. L'Algérien nous explique qu'on nous transfère dans une autre maison, toujours dans Kandahar, où nous allons passer la nuit avant de rejoindre le camp. Je n'ose y croire. La dernière nuit avant de toucher au but, enfin. Il serait temps.

3

El Farouk – El Walid

Le lendemain, le bus nous emporte en plein désert. Nous roulons pendant des heures sur une piste caillouteuse, en direction des montagnes. Arrivé au pied de deux collines, le chauffeur s'arrête, et l'accompagnateur demande à tout le monde de descendre. On prend nos sacs. Le groupe s'ébranle en direction du sommet. Mourad et moi, nous suivons. Une fois en haut, nous nous arrêtons pour profiter de la vue : de l'autre côté, dissimulé par le relief, s'étend un immense camp : El Farouk. Des dizaines de tentes de toile, quelques bâtiments en dur, et surtout un stand de tir en pleine activité. J'aperçois les cibles posées à flanc de montagne, je vois des types habillés en kaki en position, j'entends le tac-tac-tac caractéristique des armes à répétition qui tirent en rafales. En un instant, les doutes et la fatigue s'envolent. J'y suis.

Le petit groupe entame alors la descente. Nous pénétrons dans le camp. Un responsable s'avance vers nous, parle avec notre accompagnateur. L'Algérien traduit, pour Mourad et moi : il faut aller dans un autre camp, réservé aux nouveaux arrivants. Nous voilà repartis, barda sur le dos, pour sept kilomètres de marche en pleine montagne. J'ai du mal à suivre. Il faut dire que je n'ai plus fait de sport depuis au moins trois ans, et que je suis, comme on dit, en « surpoids ». En plus, cette gastro-entérite qui me tient depuis le Pakistan m'a beaucoup affaibli. Pendant un moment je crois que je ne vais pas arriver au bout, que je vais claquer sur le bord du chemin. Je m'accroche de toutes mes forces pour ne pas faillir devant les autres. Mourad m'encourage. On arrive en vue de quatre tentes posées dans un champ de cailloux, avec des toilettes improvisées à l'écart : bienvenue au camp El Walid.

Un petit groupe d'hommes est déjà là. Au total, nous sommes maintenant une quarantaine. Nous nous installons comme nous pouvons. Chacun pose son sac dans un coin de la tente, en fonction de ses affinités. La plupart des types qui sont là viennent du Moyen-Orient. Rien que des barbus, qui parlent exclusivement l'arabe. Moi, je reste à côté de Mourad et de l'Algérien, le seul capable de nous traduire les ordres et de nous dire ce qu'il faut faire.

Dès le lendemain matin, on attaque les choses sérieuses. Après la prière du lever du soleil et un verre de thé, l'instructeur, un Irakien très sec et très brun, nous rassemble. On commence par deux heures de gymnastique. Mouvements d'assouplissement, sautillement sur place, musculation. Après cela, vient l'heure du cours théorique. L'instructeur parle, nous écoutons. Sauf que Mourad et moi, nous ne comprenons pas un traître mot de ce qu'il dit. Notre ami algérien a vite renoncé à traduire. D'abord, il est interdit de parler dans les rangs. Et ensuite, il ne peut à la fois écouter pour lui et expliquer pour nous. Alors, au bout d'un moment, je me dis, autant profiter de ce temps perdu pour tenter de récupérer un peu. J'essaie discrètement de somnoler, histoire de rattraper ma mauvaise nuit.

Après le déjeuner, vient le moment de la pratique. Première leçon : comment démonter une kalachnikov. Très bien, voilà qui m'intéresse beaucoup. Sauf que l'instructeur n'a qu'une seule arme, que nous sommes quarante, et que je ne comprends toujours pas un mot de ses explications, délivrées en arabe. Alors, je regarde chaque geste, j'essaie de mémoriser. Il faut le reste de la journée pour que chacun puisse prendre l'objet en main et s'essayer au démontage remontage, sous le regard de l'instructeur. Lorsque mon tour arrive enfin, j'ai le cœur qui bat un peu plus fort. Ce premier contact, je ne suis pas près de l'oublier. Le poids, d'abord, cette sorte de densité qui dit toute la force contenue dans l'acier. Le toucher, ensuite, si doux sur la crosse de bois poli, si rude sur le métal. L'odeur, enfin, ce mélange de poudre et de graisse qui est un avant-goût du combat. Je l'empoigne avec force, presque avec désir, cette kalach qui m'attendait au fond du désert afghan.

Je n'ai pas raté mon rendez-vous : malgré mon manque d'expérience, je la manipule comme un bon soldat. Je dépose toutes les parties mobiles sur le petit tapis posé devant moi, puis je les remonte. L'observation attentive des gestes et des erreurs de mes prédécesseurs m'a aidé. Je suis surpris par la facilité des manœuvres et du maniement. C'est presque un jouet entre mes mains. Je me sens en confiance. J'aimerais tant pouvoir l'utiliser, là, tout de suite. Mais non, il faut encore attendre.

Les jours se suivent et se ressemblent. Désormais, chaque matinée est consacrée à la théorie, dont le contenu est définitivement mystérieux pour nous. Je me console chaque fois en essayant de roupiller sans me faire remarquer, et surtout en pensant que bientôt, forcément, je vais enfin pouvoir tirer.

Chaque après-midi, nous reprenons le maniement de la kalachnikov et de ses accessoires. Le silencieux, le lance-grenades, les chargeurs, les diverses munitions. Il faut regarder, et attendre son tour pour mettre en pratique la leçon. L'instructeur nous présente aussi quelques autres engins. Dans la gamme russe, on a droit à une quinzaine de modèles différents. Puis au M16 américain, à l'Uzi israélien, au G3 allemand. À chaque fois, il s'agit d'une brève démonstration technique, plus destinée à nous permettre de les reconnaître qu'à savoir nous en servir. D'ailleurs, à l'exception des armes russes, nos hôtes ne possèdent pas la moindre munition pour les armes étrangères.

Le tout est évidemment rythmé par les cinq prières de la journée, la séance de gym du matin, les trois repas misérables que l'on nous sert et quelques « travaux d'intérêt général » à exécuter en début d'après-midi. Il s'agit de diverses corvées, et quand il n'y a rien à faire, on nous fait déplacer des tas de cailloux. Je comprends vite que ces mauvaises conditions de vie font partie intégrante de la « formation ».

Cette première semaine semble ne jamais vouloir finir. Entre les rares moments de bonheur durant lesquels je peux saisir la kalachnikov de mes mains, je m'ennuie terriblement. Mais je me dis toujours la même chose. Ce serait trop bête de repartir maintenant et de tout perdre, alors que je n'ai jamais été si près du but : tirer. Alors, je supporte tout. La chaleur infernale – il fait cinquante degrés à midi, dans les tentes –, la théorie incompréhensible, la nourriture insuffisante : trois pois chiches et un bout de pain, un bol d'eau saumâtre, et c'est tout. La viande, c'est seulement le vendredi, un morceau de graisse de mouton immangeable. La nuit, je rêve des bons petits plats que cuisine ma mère et d'une virée au McDo.

Après une semaine de ce régime, je sais tout sur la kalach, j'ai perdu un paquet de kilos et je n'ai toujours pas tiré le moindre coup de feu. Mais c'est fini. Nous plions bagage et nous redescendons vers El Farouk. Cette fois, c'est bon.

Les sept kilomètres de marche dans l'autre sens ne sont pas plus faciles à accomplir. Arrivés au camp, l'instructeur nous montre la tente dans laquelle mon groupe prend ses quartiers. Les conditions sont toujours aussi spartiates, mais désormais je ne fais même plus attention. Je déroule mon sac de couchage sur une natte en paille, et voilà.

Lors de notre premier passage, nous n'avons guère eu le temps de découvrir les lieux. Notre nouvelle résidence est grande comme environ deux terrains de football, coupée en deux par une sorte de petit vallon. Les seuls bâtiments construits en dur abritent une mosquée rudimentaire, une petite armurerie renfermant essentiellement des armes russes et le commandement. Des dizaines de tentes en toile jaune, alignées au cordeau, servent de logement aux « stagiaires ». Il n'y a pas d'artillerie lourde visible dans le camp. Seulement une sorte de canon, posé sur un relief, un peu plus haut.

Une tente située à l'écart abrite la cuisine. Elle est tenue par des Afghans, qui ne parlent pas un mot d'arabe.

Le parc automobile est assez succinct. Un camion citerne approvisionne le camp en eau potable, afin de suppléer aux deux puits creusés dans l'enceinte du camp, qui ne délivrent qu'une eau de mauvaise qualité et insuffisante pour tout le monde. Il y a aussi quelques pick-up Toyota qui font des va-et-vient avec l'extérieur.

Tous les officiers portent la tenue afghane couleur kaki, sans aucun autre signe distinctif. Impossible de distinguer les grades. Je sais seulement que le grand chef, le responsable du camp, s'appelle Abd El Koudous et qu'il est irakien, comme la plupart des instructeurs.

Grâce aux bribes d'explications glanées ici et là, avec l'aide de notre ami algérien pour la traduction, je comprends un peu mieux comment est organisée la formation. Elle comporte en fait quatre modules. Le premier, celui que nous venons de terminer dans le petit camp annexe, est consacré au maniement de la kalachnikov, l'arme de tous les combattants. Les trois autres couvrent les techniques de camouflage, la connaissance de la topographie et le maniement des explosifs.

Chaque matin, le réveil sonne à trois heures. Après la première prière, les instructeurs battent le rassemblent au centre du camp. L'un ou l'autre des officiers prend la parole, pour un petit discours auquel bien évidemment Mourad et moi ne comprenons rien. L'Algérien nous a dit qu'en fait c'était une sorte d'encouragement, pour motiver les troupes avant d'attaquer la journée de travail.

L'autre grand moment de la journée a lieu après la prière du coucher du soleil. C'est le moment réservé aux prises de parole. Se lève qui veut. Cela peut être un instructeur, mais aussi un stagiaire, ou parfois un religieux de passage. Moi, je suis tellement fatigué que je profite de l'obscurité naissante pour m'esquiver en douce et aller dormir. Le tout, c'est de ne pas se faire prendre, parce que, à El Farouk, les punitions sont monnaie courante.

Entre ces deux rassemblements, on enchaîne les exercices et les corvées. Chaque matin, on court entre dix et quinze kilomètres, avant que le soleil ne tape trop fort. Au retour, on a droit à une sorte de collation frugale, des pois chiches, un peu d'huile et parfois un verre de lait.

Il y a ensuite le cours théorique, les travaux d'intérêt général. Comme au petit camp, cela consiste essentiellement à ramasser des pierres, à les mettre en tas et, quand c'est fini, à déplacer le tas un peu plus loin. Puis, en fin d'après-midi, il y a les travaux pratiques.

Pour notre première séance à El Farouk, l'instructeur a donné le programme : aujourd'hui, tir. C'est la récompense accordée à la fin du premier cycle de formation. Intérieurement, j'exulte. Enfin ! Toutes les misères endurées jusque-là sont effacées d'un coup de baguette magique. Je vais réaliser mon rêve.

Notre instructeur nous mène un peu à l'écart du camp. Nous avons quatre kalachnikovs. Il nous a également attribué quatre Siminov, sorte de fusil russe qui tire les mêmes cartouches que la kalach. Nous devons effectuer trois séries de tirs : d'abord en position debout, puis un genou à terre et, enfin, à plat ventre. Je suis sur un nuage. J'expédie mes balles dans les cibles à cent mètres, d'une main sûre. Pas d'appréhension, aucune surprise à la première détonation. D'abord, tir au coup par coup. Puis tir en rafales brèves. Je suis tellement à fond dans ce que je fais, j'aime tellement ça que j'ai l'impression d'accompagner chaque balle jusqu'à la cible. Je fais totalement corps avec la kalach. C'est un bonheur que je ne peux pas décrire. L'instructeur, lui, regarde le résultat. Pas une seule balle en dehors. Il me fait signe : c'est bien.

Seule ombre au tableau, le nombre de cartouches est limité à quarante-cinq par personne. On ne peut tirer que quinze coups dans chacune des positions. J'ai fait des milliers de kilomètres, j'ai enduré la faim et la fatigue, et je n'ai droit qu'à ça ? Une grande frustration monte en moi. Alors, j'essaie de parlementer avec l'instructeur. Je lui fais comprendre que j'aimerais bien tirer plus, que j'ai de l'argent, que je peux payer pour avoir des munitions supplémentaires. Je suis même prêt à payer des cartouches à tout le monde, s'il le faut. Rien à faire. Le règlement, c'est quinze fois trois, et pas une de plus.

Je ne peux m'empêcher de repenser aux belles promesses du frère de Mourad, mon ami de la mosquée de Lyon. Les armes qu'on achète pour une bouchée de pain à tous les coins de rue, les munitions que l'on grille par boîtes de sept cents, sans contrôle et sans limite. C'était ça, mon rêve. Pas d'en baver dans un camp militaire, à crever de faim et en me tapant corvées et punitions. Je me suis bien fait avoir. Mais que faire ? Repartir ? Je me pose encore une fois la question, et je me fais la même réponse. Puisque je suis arrivé jusque-là, autant essayer encore d'en profiter et de faire une deuxième séance. On aura peut-être droit à un peu plus de munitions, la prochaine fois.

Je me console en grillant les dix cartouches attribuées à chacun pour le tir au pistolet, sur un Tokarev russe. J'aime assez la sensation que procure cette arme relativement légère, que l'on peut tenir d'une seule main. Puis je tire mes dernières balles de la journée sur le Siminov. Mais ce n'est pas fini. Dans notre programme de formation figure une séance de tir à la mitrailleuse sur une BK, de fabrication russe, évidemment. Le seul problème, avec ce genre d'engin, c'est qu'il faut de la place. La BK expédie ses projectiles mortels de gros calibre à plus d'un kilomètre. Aussi, nous devons remonter au petit camp. Un autre instructeur nous prend en charge pour cette mission particulière. Six heures de marche avec le barda, en se relayant pour porter la mitrailleuse et des caisses de munitions. Lorsque nous arrivons enfin sur place, la nuit tombe. C'est pile le bon moment pour entamer les réjouissances : tir de nuit avec balles traçantes, qui filent dans l'obscurité en laissant derrière elles une longue traînée lumineuse. Le servant de la machine peut ainsi régler son tir au fur et à mesure.

Avant que la nuit ne soit totale, l'instructeur nous a désigné la « cible », une sorte de grotte à flanc de montagne, à plusieurs centaines de mètres de distance. Puis il s'installe aux commandes de la machine et procède à une jolie démonstration.

Le spectacle est magnifique : le crépitement sec des détonations se répercute sur la montagne tandis que la nuit se zèbre de rubans de lumière blanche.

Après, c'est chacun son tour. J'ai le droit, comme tous les autres, de prendre les commandes de l'engin, avec un quota de cinquante cartouches. Bien calé, les mains serrées sur les poignées d'acier, j'enfonce d'un coup la détente, libérant les projectiles dans l'air glacé. Le bruit, les saccades de la machine, les balles qui tracent le chemin que je leur indique, tout est magique.

Après un court moment de repos, une fois le soleil levé, nous reprenons l'exercice pour un tir de jour. Si le spectacle perd en beauté, les sensations, elles, restent les mêmes. Violentes, brutales, mais délicieuses. De quoi aider à supporter la marche de retour vers le grand camp.

Cette séance de tir m'a procuré une grande joie. Mais elle me laisse sur ma faim. J'en veux encore. Pour cela, il va falloir patienter. Les exercices de tir sont en effet placés à la fin de chaque module, un peu comme des « récompenses ». La prochaine aura donc lieu à la fin de la session à venir, consacrée au camouflage. Une longue semaine à passer, à écouter des cours auquel je ne comprends rien et à regarder des types se déguiser en buisson ou en rocher avec presque rien. Autant de techniques sans aucun intérêt à mes yeux. Mais, au bout, ce sera le retour sur le pas de tir. Alors je reste.

Mais le temps m'est compté. Je sais qu'à un moment il faudra prendre la décision de se remettre en route. Repartir pour le long voyage de retour. Nous sommes aux alentours du 20 juillet. Je me donne encore une dizaine de jours, de quoi faire au moins un autre passage par le stand de tir. De me régaler une dernière fois.

Chose curieuse, pour la première fois de ma vie, je suis loin des miens et ils ne me manquent pas. Comme si j'étais complètement déconnecté de mon ancienne existence. J'ai ouvert une sorte de parenthèse, tout entière consacrée à mon amour et à ma passion pour les armes. Tout le reste, les parents, les frères, les sœurs, je l'ai mis de côté. Pour moi, les choses sont claires : je fais mon truc dans mon coin, puis terminé. Je referme la parenthèse et je réintègre ma vie. Mais je ne mélange pas les deux. Les armes et la vraie vie.

J'entame sans enthousiasme le deuxième module censé faire de nous des as du camouflage. Les journées s'égrènent sur le même rythme, entre prières, exercices et corvées. Les repas à El Farouk sont aussi frugaux que dans le petit camp. Pire, ici ils sont chronométrés. Une fois, on nous dit : deux minutes. La fois suivante, l'instructeur annonce : trente secondes. Autre variante, un instructeur arrive sous la tente au moment du repas, dégoupille une grenade et la lance. En général, il s'agit d'une grenade d'exercice, inoffensive. Mais mieux vaut ne pas réfléchir au modèle employé et déguerpir sans demander son reste. Il est arrivé plus d'une fois qu'une deuxième grenade, une vraie, de combat, suive la première.

L'obéissance aveugle est la règle, et toute infraction punie. Les instructeurs possèdent une gamme limitée de sanctions, qui se résument toutes à une privation des quelques heures de sommeil auxquelles nous avons droit. Je vais y goûter, un jour, pour avoir traîné une seconde de trop devant mon assiette. Le soir même, je suis désigné pour aller chercher de l'eau dans un puits à un kilomètre du camp. Une eau que je dois rapporter dans une petite cuillère, sans en perdre une goutte, malgré les embûches du chemin et la nuit noire.

Parmi les autres gaietés de la vie à El Farouk, je ne voudrais pas oublier les marches de 60 kilomètres dans le désert et les simulations d'attaque du camp en pleine nuit, à coups de grenades et de rafales tirées en l'air. L'objectif de l'encadrement est clair : nous pousser à la limite de nos forces, et voir quels sont ceux qui vont craquer et ceux qui vont résister à ce traitement de choc. Certaines paroles du frère de Mourad me reviennent alors à l'esprit. Lorsque nous parlions des armes et de la formation, il glissait souvent de petites phrases, du genre : « C'est pas tout le monde qui peut le faire », « Il n'y a que les hommes qui peuvent faire ça ». Il me défiait. Alors, dès que je l'ai compris, j'ai décidé de relever le défi. Pas vis-à-vis des autres. Non, juste pour moi. Je veux me prouver que je suis capable de tenir. Voilà ce qui me permet de surmonter toutes ces épreuves.

Pour quelques-uns de mes compagnons d'entraînement, je sais que la motivation est ailleurs. Certains sont vraiment là pour apprendre à se battre, avant de partir en Tchétchénie, au Cachemire, ou de rejoindre les rangs des taliban. Lorsque les conversations s'engagent sur ce terrain, moi, je fais celui qui ne comprend rien. Ce qui est d'ailleurs la stricte vérité, même si je finis par saisir le sens des discussions, avec l'aide de l'un des Algériens présents. Eux sont d'ailleurs beaucoup plus sollicités. Les combattants semblent leur prêter une grande attention.

    Les subtilités du camouflage nous occupent pendant une petite semaine. Le plus dur n'est pas d'apprendre à se fondre dans le paysage, mais de tenir le rythme. Pas dormir, pas manger, se dépenser énormément. Nous avons un seul jour de repos par semaine, le vendredi. J'essaie chaque fois de demander la permission de descendre en ville. Je donne divers prétextes, comme d'aller téléphoner à ma famille. En fait, je n'ai qu'une seule idée : aller acheter à manger. Mais chaque fois, les responsables du camp me refusent l'autorisation. Alors j'attends.

    Le stage de camouflage touche à sa fin lorsque je commence à entendre un nom qui circule : « Ben Laden ». Moi, je sais vaguement que ce type a fait des choses pour lesquelles il serait recherché. Sans plus. J'ignore et ce qu'il a fait et qui lui en veut. Toujours est-il que, dans le camp, la rumeur se fait insistante, en cette fin de juillet. « Ben Laden va venir. » D'après d'autres échos, il serait venu peu de temps avant notre arrivée. Bon. Après tout, ce gars fait ce qu'il veut. Ce n'est pas mon affaire. Moi, j'attends la fin de ce satané cours de camouflage pour aller au tir. Ce qui finit par arriver.

Les longues journées d'ennui sont oubliées lorsque je me retrouve face à ma cible. Cela ne dure qu'un après-midi, mais c'est un pur moment d'extase. Je goûte chaque cartouche de ma pauvre dotation à sa juste valeur. Pour faire durer le plaisir, j'évite le tir en rafale, si jubilatoire, mais trop dispendieux. Il vous vide le chargeur en quelques secondes à peine.

Prochaine séance de tir après les leçons de topographie. Je me dis, après tout, pourquoi ne pas tenter d'aller jusqu'à la fin de celle-là, pour refaire un peu de kalach ? Après, c'est sûr, il faudra rentrer sans traîner. Mais autant en profiter autant que possible. Car je ne suis pas près de revenir, ça, j'en suis sûr. J'embraye donc sur la topo. Je constate assez vite que si je n'ai rien compris aux cours précédents, là, c'est pire. Non seulement les explications sont en arabe, mais en plus les cartes sur lesquelles nous sommes censés travailler sont… en russe. Je suis totalement largué. Je me contente de suivre le mouvement lors des marches d'orientation, des raids de plusieurs kilomètres en pleine nuit, avec pour seuls instruments une carte, une boussole et une lampe torche. Mais j'ai beaucoup de mal à tenir le rythme. De plus en plus de mal. Je me sens faible, sans la moindre force. Un matin, je suis incapable de me lever.

Le diagnostic est simple : je suis terrassé par la dysenterie. Les diarrhées ne me lâchent pas depuis mon arrivée sur le sol pakistanais. J'ai réussi à tenir en puisant dans mes réserves, puis grâce à des cachets que m'a donnés le médecin du camp. Mais cette fois, je suis à bout. Je me vide. Je fais du sang. Les responsables du camp m'évacuent le jour même vers la maison de Kandahar, pour me faire soigner. Cette maison par laquelle nous sommes passés en arrivant est en fait une annexe du camp. Elle sert de point de transit et aussi d'infirmerie.

J'y passe quelques jours couché. On me met sous perfusion pour me réhydrater, on m'administre des médicaments. Je reprends vite assez de force pour me remettre sur pied. Surtout, je mange. C'est sans doute ce qui me fait le plus de bien. Je suis presque en forme lorsque je reçois la visite de l'Algérien qui nous avait accompagnés de Djellalabad à Kandahar. L'homme me propose de retourner à El Farouk avec lui. Rapidement, je fais un petit calcul dans ma tête. La session de topographie est terminée, j'ai aussi loupé le stage de tir. On est aux environs de la mi-août. Allez, c'est fini. Il faut rentrer. C'est ce que j'explique à mon visiteur.

Dans la conversation, l'ami algérien me dit que Ben Laden est passé au camp pendant que j'étais alité. J'ai loupé sa visite. Je dois dire que cela me laisse assez indifférent. Moi, je regrette surtout d'avoir manqué ma troisième séance de tir. Le reste, je m'en fiche. Je demande seulement à mon visiteur de faire passer un message à Mourad. Lui dire que je ne reviendrai pas à El Farouk. Je ne vois pas l'intérêt pour moi de refaire des heures de voiture sur la piste défoncée, juste pour lui dire au revoir. C'est beaucoup de fatigue pour pas grand-chose. Je préfère rentrer à Kaboul. Je l'attendrai là-bas, dans la maison des Algériens. Au moins, j'y retrouverai des visages connus et je pourrai parler français. Pas comme ici, à Kandahar, où je ne connais personne et où tout le monde parle arabe.

Et puis, dans ma tête, je fais un autre calcul.

Je sais qu'à El Farouk on ne peut pas transiger avec le règlement. Même si j'y retourne quelques jours, je ne pourrai pas tirer. C'est cuit. Alors qu'à Kaboul, peut-être, en discutant avec les Algériens, je pourrai trouver le moyen de griller quelques boîtes de cartouches. Entre la certitude du rien et la chance, même infime, de retoucher à la kalach, je n'hésite pas.

4

Le piège

L'Algérien propose de me ramener à Kaboul. Il nous a trouvé deux places sur le vol au départ de Kandahar. Quarante-cinq minutes dans les airs, au lieu de dix-sept heures sur la piste, cela vaut bien les quelques sueurs froides éprouvées en entrant dans la carlingue. Car la surprise est totale. Le zinc est bourré de taliban qui voyagent avec leurs armes sur les genoux. Un truc de fou.

Mourad a été prévenu. Je n'ai plus qu'à l'attendre. Je m'installe comme prévu dans la maison des Algériens. Je sors un peu, je vais sur le marché, juste à côté, je discute avec les autres occupants. Je suis bien. Surtout, je les écoute avec intérêt parler de leurs projets. Ils ont en effet l'intention de créer bientôt leur propre camp et ils me proposent de rester pour en profiter. « Là, tu feras ce que tu veux. » L'offre est tentante, mais il leur faut encore du temps pour mener à bien leur affaire. Et du temps, moi, je n'en ai plus. Je dois rentrer. Dès que Mourad arrive, nous reprendrons la route. Dommage.

À ce moment, j'ignore tout des intentions de mon compagnon de voyage. J'ai quitté le camp en catastrophe, malade à crever. Nous n'avons pas eu le temps d'évoquer la suite. Je ne sais même pas s'il veut rentrer en France. Peut-être va-t-il décider de rester ici, pour apprendre l'arabe et se plonger dans l'étude des textes sacrés ? C'est plus son truc que le mien. Mais qu'importe. Nous sommes venus ensemble, j'estime normal de l'attendre pour repartir avec lui s'il le souhaite. S'il me dit non, pas de problème. Je rentrerai seul. Mais au moins on se sera parlé en face. Je ne vais pas partir comme un voleur.

Le mois d'août s'achève, et toujours pas de Mourad. Dans mon calendrier, cela commence à être chaud. Je m'inquiète un peu de ce qui se passe là-bas, à Vénissieux. J'espère que l'arrangement avec mon collègue de boulot va marcher. Qu'il pourra faire mes heures jusqu'à mon retour. Je ferai les siennes ensuite, et comme ça on n'y verra que du feu. Mais il ne faudrait quand même pas que je m'éternise ici.

Enfin, le 6 septembre, Mourad est là. Je lui laisse le temps de souffler, et le 9 nous partons pour Djellalabad. Pour nous, c'est la fin de l'aventure. Nous sommes sur le chemin du retour, dans la voiture avec un responsable algérien, lorsque nous apprenons l'assassinat du commandant Massoud, le dirigeant de l'Alliance du Nord, adversaire des taliban. L'Algérien ne cache pas sa satisfaction. Pour lui, c'est un ennemi qui disparaît. Moi, je ne me pose pas trop de questions sur les conséquences de cet acte. On est sur le départ : avant que les choses tournent, en bien ou en mal, on sera loin.

On s'installe dans la maison relais des Algériens, où nous devrons attendre le guide qui nous fera repasser au Pakistan. Curieux quand même de savoir ce qui se passe, je vais dans un bazar et j'achète pour une poignée de roupies un petit poste de radio, que je cale sur la fréquence de Radio France Internationale.

Deux jours plus tard, nous attendons toujours. Pas de nouvelles de notre guide. En revanche, un autre événement fait irruption dans notre quotidien. Vers la fin de la matinée, l'un des occupants de la maison se met à appeler en criant. On se précipite dans la pièce où il se trouve. Il est assis par terre, en tailleur, sur un tapis. L'oreille collée à son poste de radio, il essaie de nous expliquer ce qui se passe, ce qu'il croit comprendre. Les mots se bousculent, j'entends « New York », « World Trade Center », « tours », « avions ». Nous sommes le 11 septembre 2001.

D'abord, je n'y crois pas. Les deux gratte-ciel les plus hauts de New York seraient en feu, après avoir été percutés par deux avions de ligne. Autour du poste de radio, le silence s'est fait. J'écoute, avec les autres, le journaliste de RFI qui décrit des scènes d'apocalypse. Les flammes qui dévorent le haut des deux buildings, l'énorme panache de fumée qui s'élève au-dessus de la ville. Les corps qui tombent. La première tour qui s'effondre, puis la seconde. La radio annonce qu'un autre avion s'est abattu sur le Pentagone, à Washington. Un quatrième serait tombé quelque part. Mais qu'est-ce qui se passe, bon sang ?

Nous restons un long moment rassemblés autour du poste. Au fil des heures, la nature des informations change. Les deux tours sont à terre, le Pentagone est touché, on parle de milliers de victimes. Et d'une vaste action terroriste menée depuis l'Afghanistan par un groupe dont j'entends le nom pour la première fois de ma vie : Al Qaïda.

Je me retourne vers mon voisin, un Algérien du nom de Hassan.

– Dis-moi, c'est qui, c'est quoi, ça, Al Qaïda ?

– Al Qaïda, c'est ça.

Et en disant cela, Hassan fait un large geste circulaire avec ses deux bras, embrassant tout ce qui se trouve autour de nous.

– Comment ça, Al Qaïda, c'est moi ?

– Non, pas toi. Mais en étant ici, tu es considéré comme en faisant partie. Pour les Américains, tous les Arabes qui sont en Afghanistan appartiennent à Al Qaïda.

Ah, OK.

Si je comprends bien, je viens de déclarer la guerre aux États-Unis. Cela a manifestement l'air de réjouir certains de mes camarades. Ils exultent, se tapent dans le dos, lèvent les bras au ciel. Loin de partager leur délire, je préfère me mettre à l'écart afin d'éviter les questions. Car si je ne réalise pas encore très bien tout ce qui va en découler, je devine que pour moi les choses viennent de prendre une vilaine tournure. D'ailleurs, au cas où je n'aurais pas compris, la réaction des responsables de la maison me le confirme. On nous demande de rassembler nos affaires. Il faut changer d'endroit. Nous ne sommes plus en sécurité. Les incendies de New York ne sont pas encore éteints que les Algériens redoutent déjà les bombardements américains. La maison est un lieu beaucoup trop repérable, une belle cible en cas de frappe aérienne. Des voitures nous emmènent de l'autre côté de la ville, dans une nouvelle maison, plus sûre.

La traversée de Djellalabad se fait sans encombre. Dans les rues, pas de manifestation de liesse. Au contraire, j'ai l'impression que les gens sont pressés de rentrer chez eux. Personne ne s'attarde dehors. Tout le monde redoute et attend la riposte. Une riposte terrible, à la hauteur de l'attaque que la nation la plus puissante du monde vient de subir.

Notre nouveau domicile ressemble au précédent. Une vaste demeure entourée d'un grand terrain, un peu isolée du voisinage. Cela vaut mieux, parce que les Afghans des alentours sont assez inquiets de nous voir là. À plusieurs reprises, ils vont demander à ce que personne ne mette le nez dehors. Ils sont persuadés que les satellites américains sont braqués sur la ville, et qu'ils sont capables de distinguer un visage algérien d'un visage afghan. Si jamais nous étions repérés, c'est sûr, tout le quartier serait bombardé, et eux avec. Ce qu'ils préféreraient éviter... Nous sommes donc instamment priés de rester cloîtrés. De toute façon, Mourad et moi ne pensons pas être là pour longtemps. Dès que le passeur sera disponible, nous filerons de l'autre côté de la frontière pour rentrer chez nous.

Hélas, nos illusions sont vite dissipées. Dans les jours qui suivent, non seulement le passeur ne se manifeste pas, mais comme je ne quitte plus ma petite radio j'apprends que les Américains ont déclaré la guerre aux taliban. Ça se complique. La frontière est maintenant complètement fermée : les taliban et l'armée pakistanaise se sont déployés de chaque côté afin d'interdire tout mouvement terrestre. Nous sommes dans le pétrin, pour de bon. Piégés.

Enfermé dans cette maison avec mes compagnons algériens, j'ai le temps de faire une sorte de petit bilan. Regardons les choses en face. Pour pouvoir faire du tir et manipuler des armes, j'ai passé la frontière afghane en fraude. Je suis resté quelques semaines dans un camp d'entraînement réputé être commandé par Ben Laden, le patron d'Al Qaïda. Ben Laden vient de revendiquer les attentats de New York. J'ai beau retourner ça dans tous les sens, je vais avoir du mal à expliquer que je n'ai rien à voir avec ces histoires de terrorisme. Je suis dans une belle merde...

À partir de ce moment, je n'ai plus qu'une seule obsession : passer la frontière. Je dois quitter le sol afghan pour rallier le plus vite possible l'ambassade de France au Pakistan. C'est le seul endroit où j'ai une chance de me trouver en sécurité. En effet, des rumeurs courent en ville. On raconte que les services américains déployés au Pakistan « achètent » les étrangers pris dans le secteur frontalier. Ils donnent des primes de plusieurs milliers de dollars à ceux qui dénoncent les suspects. Si je tombe entre leurs mains, je n'ai pas beaucoup de chances de m'en sortir. Leur colère est sans doute trop grande, leur envie de vengeance trop forte, après ce qu'ils viennent de subir. Ils ne vont pas faire de détail. Tout ce qui tombera entre leurs mains fera l'affaire.

Moi, je n'ai pas vraiment envie de porter le chapeau du 11-Septembre. Ma seule chance d'y échapper, c'est l'ambassade. Là-bas, je raconterai toute mon histoire, sans rien cacher. L'ambassade, c'est la France, la France, c'est mon pays. On m'aidera à rentrer. Enfin, je l'espère. Le seul problème, c'est le passeur qui ne vient pas. L'attente s'éternise.

Notre refuge se remplit peu à peu. De nouveaux arrivants, qui comme nous sont en transit, dans l'attente d'un guide. Parmi eux se trouvent quelques Français avec qui nous sympathisons. Dans le groupe qui grossit, les conversations vont bon train. Pour quelques-uns, l'attaque sur New York est un acte formidable. D'autres sont plus réservés, évoquent la réponse américaine avec inquiétude. Moi, comme chaque fois, je reste à l'écart des débats. Ce n'est pas le moment de se faire remarquer en émettant le moindre doute ou avis un tant soit peu négatif. On a vite fait de passer pour un espion ou un traître.

Puis vient le temps des premiers bombardements. Des explosions sourdes ébranlent la ville, survolée maintenant tous les jours par des avions de chasse américains. Les cibles des bombes américaines semblent très localisées. Les installations militaires des taliban sont systématiquement détruites. Elles se trouvent assez loin du quartier où nous résidons, mais tout le monde redoute une erreur de tir ou une bombe qui s'égare. Un soir, Hassan nous rapporte un gros morceau d'acier tout déchiqueté. C'est un éclat d'obus qu'il vient de ramasser pas très loin de la maison, sur le chemin. Un truc pareil peut vous décapiter net sans problème. La peur s'installe.

Nous vivons maintenant depuis des semaines dans cet endroit. J'essaie de suivre l'évolution de la situation sur RFI, avec ma petite radio qui ne me quitte plus. Les troupes de l'Alliance du Nord, la coalition dirigée par feu le commandant Massoud, sont en train de se regrouper et d'avancer vers les grandes villes du pays. Les frappes américaines s'intensifient.

Pour oublier un peu cette situation cauchemardesque, on s'occupe comme on peut. J'essaie d'apprendre un peu d'arabe avec les Algériens. Pour la nourriture, chacun verse quelques roupies dans une caisse commune, qui permet d'acheter les produits de base sur le marché, et on cuisine des petits plats à tour de rôle. Hassan nous rapporte parfois des pâtisseries orientales.

Le seul jour de sortie possible, c'est le vendredi. Ce jour-là, les haut-parleurs des mosquées de Djellalabad inondent la ville de versets du Coran. Et, surtout, les Américains ne bombardent pas. Il paraît que c'est par respect pour l'islam. On en profite donc pour rendre visite à ceux qui se trouvent dans l'autre maison des Algériens, celle que nous avons évacuée. Elle est de nouveau pleine. Il a bien fallu loger tous ceux qui fuyaient la zone sud. On a même le plaisir, un jour, de participer à une fête de baptême. Mourad et moi profitons de la visite pour relancer le responsable algérien au sujet de notre guide. Mais sa réponse est toujours la même : il faut attendre.

Enfermés toute la semaine, nous nous défoulons en organisant entre nous des matchs de football sur un terrain proche de la maison. Tant pis pour les satellites américains. D'ailleurs, ils sont sans doute moins efficaces que leurs espions, dont on suspecte la présence un peu partout. Maintenant que le vent a l'air de tourner pour les taliban, certains de leurs amis préfèrent prendre les devants et rallier le camp du futur maître du pays. Ce sont eux, ces espions, qui communiquent les positions des maisons occupées par les étrangers. Plusieurs de ces cachettes seront ainsi bombardées, faisant de nombreuses victimes.

Les parties de foot du vendredi ne durent jamais longtemps. Elles sont régulièrement interrompues par le passage d'avions de chasse volant à basse altitude. Certes, c'est un jour réputé « sans bombes ». Mais on ne sait jamais. Tout le monde regagne alors la maison à toute vitesse. Une fois à l'abri, certains ont encore la force de plaisanter. Mais ils sont de moins en moins nombreux à mesure que les informations arrivent. Comment rester optimiste lorsque l'on sait que le monde entier se prépare à détruire le pays dans lequel on se trouve ?

Chaque matin, je me réveille en espérant que ce jour sera le dernier passé ici. Qu'enfin le passeur va venir pour nous conduire de l'autre côté. Chaque soir, je ravale ma déception et mon angoisse, en écoutant les nouvelles apportées de l'extérieur. L'un des Algériens qui gèrent le réseau des maisons en Afghanistan fait la navette entre différents points de regroupement. Il passe tous les jours, un peu avant la tombée de la nuit, et essaie de nous rassurer. Il nous dit qu'il faut encore patienter, qu'il multiplie les contacts pour trouver un guide, que, bientôt, on pourra sortir d'ici.

L'attente, toujours l'attente. Durant ces longues heures immobiles où rien ne se passe, je pense à ma vie d'avant, à ma mère, à mes frères, à mes copines, même à ma petite voiture que j'ai laissée là-bas. Toujours la même question qui tourne et retourne dans ma tête : mais qu'est-ce que je suis venu faire ici ? J'essaie toutefois de ne rien laisser deviner de mes angoisses ni de mes doutes. Mourad, lui, se réfugie dans la prière et la méditation. Il a l'air de bien supporter cette épreuve.

Le mois d'octobre tire à sa fin. Imperceptiblement, le temps change. Les pluies font leur apparition, chaque soir, crépitant jusqu'au milieu de la nuit, tandis qu'un air froid se glisse dans la maison. L'automne s'est installé. Et nous sommes toujours là.

Le moment tant attendu arrive enfin, mais pas comme on l'espérait. Ce n'est pas notre guide mais un des Algériens de l'organisation qui se précipite dans la maison, un matin. Il tape dans les portes, pousse des cris. « Vite, vite, Kaboul est tombé, il faut partir. » Les troupes de l'Alliance du Nord ont pris la capitale et marchent sur Djellalabad. La chasse aux taliban et à leurs alliés est ouverte, et les hommes de feu Massoud ne font pas de quartier. Mieux vaut ne pas tomber entre leurs mains. En deux secondes, je suis dehors. J'ai juste eu le temps de ramasser la petite sacoche contenant mes papiers, mon argent et mon billet de retour. Tout le reste, le sac à dos, les fringues, le duvet, je l'abandonne.

On s'entasse comme on peut dans les voitures que les Algériens ont amenées et on file. On sort de la ville. Les chauffeurs nous conduisent jusqu'à un village reculé, appelé « l'Étoile du Djihad ». Sur place, il y a beaucoup de monde, des familles entières avec femmes et enfants, des hommes en armes, des camions et des voitures garés en tous sens. En fait, cet endroit est le point de ralliement pour tous les Arabes de Djellalabad. C'est à partir de ce village que sont organisés les départs pour le Pakistan.

Le chef d'une tribu de montagnards accueille notre petit groupe d'une soixantaine de personnes. Il nous dirige vers un bâtiment un peu à l'écart du village, avec pour seule consigne de ne pas en bouger. Il règne autour de nous une agitation terrible. Des milices se forment, sous la direction de vieux guerriers aux allures sauvages. Les armes surgissent de partout. Mais cette fois, ce n'est plus pour faire semblant. Ce n'est plus du jeu.

Nous passons trois ou quatre jours cachés dans cet endroit. Puis des gens que je n'ai encore jamais vus arrivent et nous disent de partir. On sort pour rejoindre la route principale, et là, c'est le bazar. L'organisation semble avoir disparu. C'est chacun pour soi pour trouver une place dans une voiture ou à l'arrière d'un pick-up. Mais finalement, tout le groupe réussit à se caser dans le convoi qui s'ébranle. On roule toute la journée en direction des montagnes, vers l'est. Le soir, le convoi s'arrête près de quelques maisons. Des gens nous accueillent, nous donnent un peu à manger. Puis les types qui nous servent d'accompagnateurs nous montrent les sommets, au-dessus de nous. Je n'ai pas besoin de traducteur. J'ai compris qu'il va falloir grimper là-haut pour gagner le Pakistan. Enfin, je commence à reprendre espoir. Le chemin ne m'a pas l'air facile, ça grimpe sacrément pour aller jusqu'aux cols que l'on voit d'en bas. Mais derrière, c'est le salut. Par simple curiosité, je demande juste à un Algérien à côté de moi comment s'appelle cette montagne. « Tora Bora. » Un drôle de nom.

5

Tora Bora

Après une nuit glaciale passée dans une sorte de grange et une rapide collation, nous attaquons l'ascension. Un âne a été réquisitionné pour transporter les provisions nécessaires à l'expédition. Nous avançons en file indienne, sur un sentier de plus en plus abrupt. Devant, quelques combattants, des Algériens en armes, ouvrent la marche. De temps en temps, nous croisons des Afghans qui descendent avec des coupes de bois. Sur les premières hauteurs, nous découvrons des petits groupes d'hommes qui attendent. Ils sont installés dans des sortes de grottes, ou occupent des abris rudimentaires, creusés dans le sol. Tous sont lourdement armés et semblent disposer de réserves de munitions.

Plus nous avançons, plus ces étranges sentinelles sont nombreuses. En fait, chaque point élevé de la montagne est occupé. Pas un vallon qui échappe au contrôle de leurs fusils. Un peu plus tard, l'un de nos accompagnateurs nous donnera quelques explications. Pendant la guerre contre l'Union soviétique, le massif de Tora Bora, creusé de milliers de grottes naturelles, a servi de base arrière à la résistance afghane. De nombreuses caches d'armes et de munitions y ont été aménagées, certaines étant restées en l'état après la victoire des taliban.

Aussi, devant la menace conjuguée des Américains et des troupes de l'Alliance du Nord, les taliban ont décidé de se replier et de faire de Tora Bora leur dernier bastion, selon un plan relativement bien organisé. En particulier, grâce à ce système de contrôle de tous les points de passage dans le massif.

Le problème, c'est que pour des centaines de personnes fuyant vers le Pakistan, comme nous, Tora Bora reste la seule voie de passage praticable. Et pour les combattants, cet afflux imprévu de « civils » pose un problème. Il faut pouvoir caser tout le monde, en attendant que des guides pakistanais viennent nous chercher là-haut. Car Tora Bora, il ne faut pas l'oublier, ce n'est pas de la montagne à vache. C'est la chaîne de l'Indou Kouch, sur les contreforts de l'Himalaya, avec des sommets qui culminent à plus de sept mille mètres et des températures sibériennes. Dans ces conditions, se tromper de chemin, c'est aller à la mort. Il faut absolument avoir recours à des guides chevronnés.

Dans le quadrillage des points hauts de Tora Bora, un certain nombre de postes de contrôle ont été confiés aux combattants arabes. Les autres sont aux mains des Afghans. Et on ne se mélange pas. Notre petit groupe est dispatché vers différents postes « arabes », dont certains ne sont distants les uns des autres que de quelques centaines de mètres. La montagne grouille de monde, la moindre grotte est occupée.

À ce moment-là, je suis séparé de Mourad. Je me retrouve dans une petite escouade, avec sept autres types, dont deux Français qui veulent passer au Pakistan comme moi. L'endroit qu'on nous assigne est magnifique. C'est une sorte de replat herbu, juste à l'aplomb d'un petit pic. Dans la paroi rocheuse s'ouvre une caverne assez profonde, où sont entreposées les armes et les munitions, quelques vivres aussi. Tout autour de nous s'étend une forêt magnifique. Au-dessous, une étroite vallée se perd dans l'ombre du soir qui tombe. Il fait très froid, malgré le feu de bois allumé près de l'entrée de la grotte. Mais j'ai espoir. Nous sommes près du but. Les combattants avec qui nous partageons le repas nous le confirment. « Patientez, des gens vont venir vous chercher. » Le signal viendra par la radio. Chaque groupe possède en effet un émetteur-récepteur portatif qui permet de transmettre les ordres et de faire passer les messages. Il faut donc attendre le « top départ » des responsables, cachés quelque part dans la montagne, comme nous.

Il est temps de se reposer. Nous gagnons nos abris, deux fosses creusées dans le sol et recouvertes par des branchages. C'est inconfortable et exigu. Impossible de s'allonger complètement. Il faut se caler en position assise, le dos contre la paroi. Heureusement, nous ne sommes que de passage. Les guides vont bientôt venir nous chercher.

De passage ? Ce séjour en altitude va durer un mois. Un mois terrible, interminable. Un mois d'enfer. Car le refuge imprenable des taliban s'est transformé en un piège mortel. Les guerriers s'attendaient à livrer bataille au sol, contre un ennemi à pied. Ils se tenaient prêts pour résister à l'assaut, certains d'écraser tous ceux qui oseraient monter vers eux. Je l'ai dit, chaque sentier, chaque vallon, chaque lit de torrent asséché était placé sous le feu d'un ou plusieurs postes. Tora Bora, c'était une citadelle imprenable. L'ours soviétique ne s'y était-il pas cassé les dents ?

Sauf que, cette fois, c'est du ciel qu'est venue la mort. Les forces de l'Alliance du Nord, lancées à la poursuite des taliban, se sont tranquillement arrêtées au pied du massif, se contentant de barrer la route du repli. Puis l'aviation américaine est entrée en piste. Pendant un mois, jour et nuit, ils ont bombardé la montagne avec la régularité d'un coucou suisse. Recroquevillé au fond de mon abri, dans une semi-obscurité, mes oreilles ont remplacé mes yeux. Un grondement sourd et lointain ? Un bombardier lourd, sans doute un B52 et ses douze bombes. Un bruit plus aigu, un peu sifflant ? Un appareil plus léger, F16 ou F18, quatre bombes. Alors, avec mes compagnons d'infortune, on serre les dents et on attend la première déflagration. Faible ? La cible est loin. Ce n'est pas pour nous. Forte ? C'est le moment de prier. Parce que ce n'est pas le toit de branchages au-dessus de nos têtes qui arrêtera une bombe de sept tonnes. Plus d'une fois, cela ne passe pas loin. On entend le sifflement de l'engin qui fend l'air avec un bruit de plus en plus aigu à mesure qu'il se rapproche. Puis c'est la déflagration. La terre tremble. Un déluge de pierres et de débris s'abat alentour. Lorsque l'averse s'arrête, je pousse un soupir de soulagement. Ce n'est pas pour cette fois. Peut-être la suivante. Alors je compte. Jusqu'à quatre, si c'est un F16. Jusqu'à douze, si c'est un B52. En espérant arriver chaque fois au bout du décompte.

Je n'ai sans doute jamais eu autant envie de vivre que durant ces heures terribles passées sous les bombes. Lorsque les avions nous laissent un peu de répit, je me repasse le film de ma vie. Je revois les bons moments du passé. Je regrette aussi le temps perdu, toutes ces heures gaspillées durant lesquelles je n'ai rien fait de bon. Si j'avais su que ma vie pouvait s'arrêter si vite, j'aurais profité de chaque minute, de chaque seconde. Mais je ne capitule pas. Ma seule obsession, dans ce trou à rats, c'est de survivre. De toutes mes forces et de toute mon âme.

Malgré le déluge de feu, il faut sortir de la cache. Pour couper du bois, pour aller chercher de l'eau, à plus de deux heures de marche, en bas dans la vallée. Pour chercher des provisions, aussi, lorsque nos réserves s'épuisent, en allant aux dépôts plus importants cachés dans la montagne. Chaque sortie est peut-être la dernière. On s'attend à chaque instant à être fauché par une bombe, ou à sauter sur un de ces petits engins explosifs jaunes, gros comme un poing, dispersés par milliers lors de l'explosion des bombes qui les acheminent. On peut aussi être pulvérisé par les missiles tirés depuis les avions ou, s'il fait nuit, haché menu par le feu des hélicoptères.

Les hélicoptères Apache n'attaquent jamais en plein jour. Ils préfèrent la nuit, qui les rend invisibles aux tireurs embusqués. Impossible de les localiser dans l'obscurité. Les appareils, peints en noir, n'émettent aucune lumière. Quant au feulement de leurs rotors, il se répercute contre le flanc des montagnes en échos successifs. On croit les entendre là-bas, ils sont ici. Ces redoutables prédateurs ne sont pas arrivés tout de suite. Au début de l'offensive aérienne, la lune était trop grosse. Trop de lumière. Alors, ils ont attendu que l'astre disparaisse. Et ils sont venus.

Les bombardements intensifs ont tué. On l'a entendu sur les ondes radio des taliban. Sur les dizaines de milliers de bombes larguées sur Tora Bora, quelques-unes sont tombées sur des abris et sur des grottes. Difficile de chiffrer le nombre des victimes de ces bombardements à grande échelle. Sans doute quelques centaines. Un bilan dérisoire si on le rapporte aux moyens employés.

En revanche, les hélicoptères Apache se révèlent terriblement efficaces. Volant à très basse altitude, équipés de détecteurs infrarouges sensibles à la chaleur, ils localisent les grottes occupées et les pulvérisent à coup de missiles. Lors d'une sortie pour aller chercher de l'eau, je me souviens être passé devant une caverne, occupée la veille par quelques types à qui j'avais dit bonjour. Dans la nuit, les Apache ont fait une descente. Le lendemain, des gens que j'avais salués, il ne restait qu'un morceau de doigt.

Après des semaines, les ondes radio apportent enfin des bonnes nouvelles. Les guides tant attendus sont là, dans la vallée. On va pouvoir sortir de cet enfer. Les combattants taliban et arabes, qui devaient tenir la montagne, ont également reçu l'ordre d'évacuer. Des groupes d'hommes, civils en fuite et militaires battant en retraite, sont donc constitués. Un premier groupe est désigné pour l'évacuation. Nous n'en faisons pas partie. Tant pis. Il faut attendre notre tour. Je profite d'un petit moment de calme pour me glisser dehors, en pleine journée. Tout autour de moi, je contemple un paysage dévasté, lunaire. La forêt verdoyante qui nous a accueillis a disparu. À perte de vue, la terre est labourée de milliers de cratères, grands et petits. Puis je regarde en contrebas, à la recherche de la colonne. Ça y est, je la vois. Ils sont une soixantaine à marcher en file indienne, sur l'étroit chemin qui descend vers le fond du vallon. De mon promontoire, on dirait de minuscules fourmis. Il y a là des gens que j'ai côtoyés lors de mon séjour dans la maison de Djellalabad. Ils ont de la chance. Bientôt, ils seront loin.

En fait, ils ne dépasseront pas le fond de la vallée. Ils se sont mis en route beaucoup trop tard. Lorsqu'ils atteignent le point de rendez-vous, la nuit est déjà tombée, et deux Apache en maraude les ont trouvés. Pendant plus d'une demi-heure, la vallée est secouée par les explosions des missiles et le claquement saccadé des mitrailleuses lourdes. Puis les hélicoptères laissent la place à l'aviation. Des bombardiers pilonnent tout le secteur avec acharnement.

Du fond de mon trou, je n'ai rien perdu du déroulement de l'attaque. L'oreille aux aguets, j'en ai suivi les différentes phases. Son intensité et sa durée laissent bien peu de chances à ceux qui se trouvaient en dessous de s'en sortir. Ce que me confirme, le lendemain matin, un type qui remonte de la vallée. Selon lui, la plupart des membres de ce groupe ont été tués. Les rares rescapés sont gravement blessés, horriblement mutilés. Parmi eux se trouve un Anglais qui a eu le bras arraché.

À notre tour de tenter le coup. Nous « décrochons » de notre nid d'aigle en début de journée, pour rejoindre un point de ralliement un peu plus bas. On est bientôt une soixantaine, l'effectif prévu, et nous nous mettons en route derrière le guide pakistanais. Après quelques heures de marche sur un sentier assez facile, nous arrivons à une sorte d'embranchement. Plusieurs chemins sont possibles qui mènent tous vers la frontière. Le responsable de notre groupe veut cependant que tout le monde suive le même itinéraire. En cas de problème, ceux qui arrivent derrière peuvent ainsi prêter main-forte à ceux qui les précèdent.

Il faut donc que quelques-uns d'entre nous restent là, afin d'indiquer au guide du groupe suivant quelle voie nous avons empruntée. Ils n'auront ensuite qu'à se joindre à eux pour nous retrouver au point d'arrivée.

En disant cela, j'ai l'impression que le responsable me regarde un peu trop fixement. Alors, je prends les devants. J'explique qu'il n'est pas question pour moi de rester là. Heureusement, quatre ou cinq gars se portent volontaires. Parmi eux se trouvent les deux Français avec qui j'ai passé un moment dans la grotte. Ils posent leurs sacs, tandis que nous reprenons la marche. Nous ne les reverrons jamais.

Les garçons ont attendu, attendu. Le groupe suivant n'est jamais arrivé. Après une journée d'attente, ils se sont mis en route, seuls et sans guide. Ils se sont perdus. Fin décembre, des villageois pakistanais retrouveront le corps de l'un des Français dans la montagne. Il s'appelait Hervé Djamel Loiseau.

Pour l'heure, le seul objectif de notre groupe est de fuir. Alors nous marchons toute la nuit, malgré le risque. Les Apache rôdent dans la vallée. Et tout le monde a en tête ce qui est arrivé à nos prédécesseurs. Aussi, quand le bruit des hélicoptères se rapproche, nous nous dispersons à toute vitesse. La consigne est simple : se mettre à l'abri derrière des rochers ou des arbres, de façon à ne pas être détecté. Et surtout, ne plus bouger.

Je me suis glissé dans une sorte de trou de souris, au pied d'une paroi rocheuse. J'ose à peine respirer, tandis que les deux énormes masses noires des Apache passent juste au-dessus de nous. Ouf, ils s'éloignent. Le guide nous fait signe : on se remet en route.

Cette nuit-là, l'aviation américaine fait preuve d'un zèle particulier. Les bombardements sont ininterrompus. Même pas les quinze minutes de pause habituelles. Le sol n'arrête pas de vibrer sous nos pieds, tandis que les hauteurs s'illuminent à chaque explosion.

Au petit matin, nous marchons toujours. Nous avons rejoint le lit d'une petite rivière, que nous longeons. En chemin, notre effectif grossit, à mesure que d'autres fuyards venus d'on ne sait où se joignent à nous. Peu à peu, le chemin se met à monter. Doucement, d'abord, puis de plus en plus raide. La colonne s'allonge et s'étire en silence. Personne ne parle. Une seule obsession : tenir le rythme infernal imposé par le guide pour sortir le plus vite possible de la zone dangereuse. Surtout, ne pas décrocher. Personne n'attendra les retardataires.

Alors je marche. Parce que j'ai décidé de m'en sortir, parce que je veux vivre, je marche. Il fait de plus en plus froid, la neige se met à tomber, mais je marche. J'ai faim, je n'ai que quelques raisins secs dans la poche pour tenir, mais je marche.

Enfin, le guide donne le signal de la pause alors que la nuit tombe pour la deuxième fois depuis le début de notre fuite. On se serre comme on peut dans une cabane abandonnée, autour d'un feu misérable. Après quelques heures de repos, il faut repartir.

Cela va durer cinq jours et cinq nuits. Le jour, on marche. La nuit, on dort, couchés les uns contre les autres pour ne pas mourir de froid, parfois à même la neige. Je ne sais plus depuis combien de temps nous sommes en route. Une éternité, au moins. Le fracas des bombes ne nous parvient plus que de très loin, comme étouffé. Je devrais me réjouir : nous avons réussi à quitter la zone dangereuse. Je n'en ai pas la force. Je craque.

J'ai trop froid, avec ma pauvre tenue pakistanaise et un simple pull rescapé de la fuite de Djellalabad. En plus, j'ai les pieds gelés dans mes baskets qui sont complètement trempées depuis que nous avons remonté le lit de la rivière. Je m'écroule sur la neige, à bout de forces. Je vais mourir là, tout seul, loin des miens, dans cette montagne. J'y suis presque résigné. C'est un autre Français qui me secoue. « Nizar, si tu t'arrêtes ici, tu es mort. Personne ne va t'aider. Il faut que tu te lèves et que tu marches. » En entendant ses paroles, l'envie de vivre se met de nouveau à battre dans mes veines. Dans un sursaut désespéré, je rassemble ce qui me reste de forces, je me relève. Et je marche.

J'ignore où je puise encore l'énergie qui me fait avancer. Il y a belle lurette que j'ai épuisé ma réserve de raisins secs. Le guide avance toujours, là-bas, très loin, en tête de la colonne. On continue à monter.

Je n'ose même plus lever les yeux vers le devant de la colonne. Combien de fois, déjà, j'ai cru que le prochain col serait le dernier ? Qu'une fois là-haut je verrais enfin l'autre côté, le Pakistan ? Qu'on serait arrivés ? Et combien de fois j'ai cru perdre l'espoir en découvrant, une fois au col, un autre col, plus loin, plus haut ?

6

Fin de cavale

Tiens, le chemin se met à descendre. Sans doute une de ces petites descentes qui précèdent une remontée plus dure encore. De ces fausses joies qui vous usent le moral jusqu'à la corde. Non, pas celle-là. On descend vraiment. De plus en plus vite. Je n'ose pas y croire, pourtant c'est vrai. Nous sommes passés de l'autre côté de la montagne ! Nous sommes au Pakistan ! Je suis sauvé ! Bientôt nous arrivons à Parachinar, un village tout proche de la frontière. Les gens sortent des maisons et viennent à notre rencontre, on nous accueille, on nous installe près du feu, on nous donne à manger du riz, de la viande. On peut enfin se laver, faire sécher nos vêtements. Je revis. Bientôt, ce sera l'ambassade de France, la fin du cauchemar.

Je ne suis pas le seul à vouloir rejoindre l'ambassade. Nous sommes en fait quatre Français dans ce groupe. Les trois autres, je savais qu'ils étaient là, mais je n'avais pas eu l'occasion de les croiser durant notre fuite à travers la montagne. Je les connais de vue. Ils étaient dans l'autre maison des Algériens, à Djellalabad, lorsque j'attendais un guide pour quitter le pays. L'un d'eux, qui parle arabe, demande donc à un type du village si quelqu'un peut nous conduire à Islamabad. « Pas de problème, reposez-vous un peu, et on vous emmène. » Super. On va donc se coucher tranquillement, avec la certitude d'être au bout de nos peines. Sauf qu'après quelques heures de sommeil, le même homme nous tire du lit. « Venez, tout est prêt, on va vous conduire à l'ambassade. » Déjà ? Zut alors, après tant de fatigue, un peu plus de repos n'aurait pas été du luxe. Mais enfin, puisqu'il faut y aller, il faut y aller. On ramasse notre barda et on le suit. Il nous conduit à la mosquée du village. On entre. Il y a du monde qui nous attend. Les autorités du coin sont visiblement réunies pour discuter de notre cas. Ça parle beaucoup, mais personne ne comprend rien à ce qui se dit. Au fur et à mesure, d'autres membres de notre troupe de fuyards sont amenés à la mosquée. Des villageois nous répartissent en petits groupes. « C'est pour les véhicules », explique l'homme qui nous accompagne. Quelques minutes plus tard, il nous fait monter à l'arrière d'un pick-up qui démarre aussitôt. « On va à l'ambassade. »

Quelques kilomètres plus loin, la colonne oblique brusquement, quitte la route et s'engage sous un grand porche. On s'arrête. Des hommes en armes nous entourent et nous font descendre. Pour l'ambassade, on verra plus tard. Pour le moment, c'est une prison pakistanaise qui nous attend.

Les mêmes gens qui nous ont accueillis à bras ouverts lors de notre arrivée dans le village nous poussent vers de grandes cellules collectives. D'un coup, les rumeurs qui circulaient à Tora Bora me reviennent à l'esprit. On disait que les Américains offraient cinq mille dollars par tête pour la capture de « terroristes ». Pour moi, l'affaire est entendue. Je suis certain que nos hôtes vont nous vendre. C'est même sans doute pour cela qu'ils ont été si contents de nous voir débarquer chez eux. Nous étions une sorte de jackpot qui tombait du ciel. Ils ne voyaient pas en nous des pauvres types épuisés, morts de faim et de froid, sales et hirsutes, une vision qui ferait fuir n'importe qui. Non, en chacun de nous ils voyaient de belles et grosses liasses de billets verts.

Notre groupe remplit trois grandes cellules. Ce sont de vastes pièces dont la partie donnant sur le couloir est fermée par une grille, de façon que les gardiens puissent voir en permanence l'intérieur. Une minuscule fenêtre au ras du plafond donne un semblant de clarté. De la paille humide couvre le sol. Bah, après ce que nous venons de traverser, un mois dans un trou à rats sous les bombes à Tora Bora et cinq jours d'enfer en haute montagne, cette taule serait presque un luxe. On s'installe comme on peut, en essayant de savoir à quelle sauce nous allons être mangés. Un de mes compagnons de cellule interpelle en arabe un des villageois pakistanais qui nous a accompagnés jusque-là. Il lui demande : « Alors, vous allez nous vendre ? » L'autre fait tout de suite de grands gestes, en disant : « Mais non, pas du tout, ne vous inquiétez pas. Faut pas vous casser la tête, on n'a aucun souci avec vous. On va vous emmener dans vos ambassades. » Les promesses n'engagent que ceux qui y croient. Moi, je suis pessimiste de nature. Les belles paroles, cela ne m'intéresse pas. Je sais seulement que notre tête vaut une petite fortune et que nous sommes derrière des barreaux. Pas besoin d'avoir fait Polytechnique pour deviner ce qui va arriver. En attendant, je me cale dans un coin.

Quelques heures plus tard, tout s'agite autour de nous. Les gardiens vont et viennent, on entend des bruits de moteur dans la cour. Puis on nous fait sortir. Dehors, trois grands bus kaki attendent. Partout autour, des militaires de l'armée régulière pakistanaise. On nous fait monter dans les bus qui démarrent. Je regarde devant, derrière. Des camions équipés de mitrailleuses encadrent notre convoi. Dans chaque bus, des soldats en armes sont installés à l'avant et à l'arrière, d'autres sont postés sur le toit, au-dessus de nos têtes. Certains de mes compagnons ont saisi quelques bribes de conversation entre les officiers pakistanais. D'après eux, on est envoyés sur une base militaire pour être vendus aux Américains en tant que « terroristes d'Al Qaïda ». On va payer pour les attentats de New York. On va se retrouver en prison pour trente ou quarante ans.

J'écoute. Au fur et à mesure des commentaires des uns et des autres, je me tasse un peu plus sur mon siège.

Je suis venu faire du tir pour assouvir ma passion, je me retrouve prisonnier de l'armée pakistanaise et je vais finir ma vie derrière les barreaux d'une prison américaine. Encore une fois, la même et lancinante question revient sans cesse dans ma tête. Mais qu'est-ce que je fous là ?

Pendant que je me morfonds, mes compagnons, eux, décident de passer à l'action. Un des Algériens qui est à côté de moi me traduit à toute vitesse ce qui vient d'être décidé, et je n'en crois pas mes oreilles. Ils vont tenter de prendre le contrôle du bus et de s'évader. Malgré le déploiement de forces autour de nous. Mais qu'est-ce que c'est encore que ce truc de fou ? Je n'ai pas vraiment le temps de donner mon opinion. Devant, deux types sont déjà passés à l'action. Le premier a étranglé le soldat qui se trouvait devant lui en se servant de sa ceinture. Le second a égorgé l'autre sentinelle avec des ciseaux qu'il avait dans la poche. Il faut dire que, lors de notre drôle d'arrestation, personne n'a pris le soin de nous fouiller vraiment.

En une fraction de seconde, les armes des soldats assassinés changent de main et se retournent vers le fond. Les quatre bidasses assis à l'arrière croyaient se taper une mission de routine. Un simple transfert de prisonniers. C'est raté. Ils ont à peine le temps de se rendre compte que quelque chose cloche, là-bas, à côté du chauffeur, que les kalachnikovs se mettent à parler. Ils se jettent à terre sous les balles, ripostent. Le bus devient un champ de bataille en vase clos. Les vitres volent en éclats, ça crie, ça hurle, dans le fracas des détonations. Devant ce spectacle de fin du monde, le chauffeur ne fait ni une ni deux : il saute par la fenêtre alors que le bus roule toujours à vive allure. Je suis au milieu d'une bataille rangée, sous les balles qui se croisent au-dessus de ma tête, dans un autobus fou qui fonce droit devant sans personne au volant.

Les assaillants, forts de l'effet de surprise, prennent vite le dessus. Les soldats de l'arrière sont éliminés, leurs armes récupérées. Mais pas question de crier victoire. À l'extérieur, les soldats ont compris que les choses tournaient mal. Ceux assis sur le toit se mettent maintenant à tirer au travers de la carrosserie, à l'aveuglette, tandis que la mitrailleuse du camion qui roule derrière nous ouvre le feu. La fusillade reprend de plus belle. Je me plaque au sol entre les sièges du mieux que je peux. L'odeur de poudre est si forte que j'ai du mal à respirer. Je me dis : Cette fois, mon vieux Nizar, ton compte est bon. Les bombes ne t'ont pas tué, le froid ne t'a pas tué, la faim ne t'a pas tué. Mais là, je ne vois pas comment tu vas sortir vivant de cet endroit.

Pendant que certains prisonniers tirent à travers le toit pour essayer d'atteindre les soldats, d'autres tentent leur chance. J'en vois quelques-uns qui se jettent par les fenêtres. Je profite d'une relative accalmie pour me glisser vers l'avant du bus, l'endroit me semblant un peu moins exposé aux balles. La mitraille repart de plus belle. Cela n'empêche pas un téméraire de se lever pour aller jusqu'à la place du chauffeur. Le siège est toujours vacant. L'homme s'empare du volant et donne de violents coups à droite, à gauche, et encore à droite, et encore à gauche, pour essayer de faire tomber les soldats postés sur le toit. Le bus se met à zigzaguer, de plus en plus fort, de plus en plus vite. Nous faisons de grandes embardées en travers de toute la chaussée. Une voiture arrive en sens inverse. Bang. On la percute. Sous le choc, le bus quitte la route juste au moment où on passe sur un pont. C'est la chute, dans un énorme fracas de tôles.

De l'endroit où je me trouve, je vois tout. La voiture qui vient en face, le premier impact. J'ai l'impression de visionner un film au ralenti. Quand je vois le bus s'envoler et tomber, j'ai même le temps de me dire : Ça y est, c'est bon. Je vais mourir. Et là, plus d'image.

Je ne suis pas mort. J'ai seulement perdu connaissance quelques secondes. Ce sont les détonations qui me ramènent à la réalité. Du haut du talus, les soldats pakistanais mitraillent ce qui reste du bus comme s'ils étaient à l'exercice. Autour de moi, les hommes tombent les uns après les autres. Si je reste là, je suis foutu. Alors je rassemble mes forces et, dès que la fusillade faiblit, je me jette dehors et je cours, droit devant moi. J'aperçois un village, pas loin. Devant moi, deux chemins. L'un va vers la campagne, l'autre vers les maisons. Sans réfléchir je me dirige vers les champs. Quelques centaines de mètres plus loin, je me retrouve nez à nez avec les villageois qui ont entendu le bruit sur la route, et qui viennent aux nouvelles. Tous sont armés, comme c'est l'usage. Ils m'entourent, leurs armes pointées sur moi. Ils me font comprendre de ne pas bouger. Je vois les canons des fusils qui remuent étrangement. Les types tremblent. Ils sont morts de trouille. Pour être honnête, je ne suis pas rassuré non plus. Je me dis qu'à force de trembler il y en a un qui va appuyer sans le faire exprès sur la détente et qui va m'en mettre une. Ce serait bête.

Puis les militaires lancés à mes trousses arrivent en poussant de grands cris. Ils sont dans un état d'agitation incroyable, complètement affolés par les scènes qu'ils viennent de vivre. Je me laisse emmener sans résister. En repassant devant la carcasse du bus, j'ai le temps de voir des corps sans vie, couverts de sang, allongés sur le sol. Quatre prisonniers et huit soldats. Plusieurs de mes compagnons ont réussi à fuir. Ils continuent de tirer sur leurs poursuivants avec les armes prises aux soldats dans le bus. J'entends la fusillade qui s'éloigne.

La route est encombrée de camions et de voitures arrêtées dans tous les sens, des soldats courent partout, des officiers hurlent. Il règne une atmosphère de panique totale. On me pousse sans ménagement dans un véhicule militaire. Je m'assieds. Le siège à côté du mien est souillé de débris sanguinolents, avec une grosse masse grisâtre. Je mets un moment à réaliser qu'il s'agit de cervelle humaine. Drôle de compagnie. Heureusement, le voyage ne dure pas longtemps. Je suis conduit au poste le plus proche de la police pakistanaise, fouillé et mis dans une cellule. Un policier s'est emparé de mon passeport et de mon billet d'avion. Je ne les reverrai plus.

De ma prison, je peux suivre la fin de la tentative d'évasion. J'entends claquer les derniers coups de feu, au loin, puis le bruit d'un hélicoptère qui tourne à basse altitude. Des voitures qui arrivent, des portes qui claquent dans la cour. On ramène d'autres fugitifs qui se sont fait prendre. Les uns après les autres, les occupants du bus qui ont échappé aux balles rejoignent les cellules du poste. Chose curieuse, les derniers arrivants sont habillés de frais, avec des vêtements propres. Ils nous raconteront ensuite avoir été accueillis à bras ouverts par des villageois. On les a fait entrer dans les maisons, on leur a donné des habits, à boire, à manger. De quoi attendre, en fait, l'arrivée des soldats qu'ils avaient fait prévenir, pour toucher la prime.

Lorsque la nuit tombe, nous sommes au complet. Tous les survivants de cette rocambolesque tentative d'évasion s'entassent dans les cellules. Les Pakistanais semblent bien décidés à ne pas se laisser surprendre. Ils ont acheminé d'importants renforts. Une unité de parachutistes est même déployée autour du poste de police. Au petit matin, un officier vient nous annoncer que nous allons être transférés. On nous tire des cellules un par un. Mon tour arrive. Je suis emmené dans une petite salle. Un soldat m'attache solidement les mains dans le dos avec de la corde. Je suis ensuite jeté à l'arrière d'un camion militaire bâché. Là, on me fait asseoir sur le plancher métallique, dos à dos avec un autre prisonnier, on nous attache les mains ensemble et on nous recouvre la tête d'une cagoule. Les suivants subissent le même sort. Les militaires nous alignent ensuite au milieu du plateau et nous attachent les jambes. Puis ils s'installent sur les bancs qui nous font face, les fusils pointés sur nous. On l'a bien compris, le premier qui bouge ou qui l'ouvre se prend un coup de crosse dans les côtes.

On attend un long moment dans cette position. Je ne vois rien de ce qui se passe à l'extérieur, à cause de la cagoule. Mais aux bruits, je devine que les militaires remplissent d'autres camions. Puis des ordres claquent. Le moteur de notre camion se met à tourner, d'autres aussi. Le convoi se met en route. Nous voilà partis, bringuebalés les uns contre les autres à chaque virage, cognant le plancher métallique sur lequel nous sommes posés à chaque cahot de la piste. Très vite, je ressens l'inconfort de la position dans laquelle nous sommes maintenus. Moins de dix minutes après notre départ, j'ai mal partout. Les épaules cisaillées, les fesses endolories et les premières crampes dans les jambes. Dix minutes seulement, et c'est déjà insupportable. Quelques-uns de mes compagnons commencent eux aussi à souffrir. Certains cherchent désespérément une position moins douloureuse. D'autres laissent échapper des plaintes étouffées. Dans tous les cas, la sanction est la même. Le soldat d'en face cogne sec, et sans sommation.

Ce que j'ignore, c'est que ce cauchemar va durer vingt et une heures. Une journée et une nuit sans manger, sans boire, sans pouvoir aller aux toilettes. Les arrêts sont réservés à l'équipage : on refait le plein de gazole, on change les chauffeurs et les gardiens, et on repart. La fin du voyage est une souffrance sans nom. Faute de pouvoir faire autrement, certains se pissent dessus en chialant. On baigne dans des flaques d'urine. C'est atroce.

Enfin, nous arrivons. Nous sommes jetés au bas des camions, détachés et libérés de nos cagoules. On nous permet d'aller nous soulager dans un fossé. Je comprends pourquoi, d'un seul coup, nos gardiens nous octroient tant de liberté : nous n'avons aucune chance de nous échapper. Nous sommes dans l'enceinte d'un camp militaire, et sous bonne garde.

Nos nouvelles cellules sont assez vastes pour y dormir à vingt. Le mobilier se réduit à un morceau de tissu par personne, qui sert de nappe pour manger et de lit pour dormir. Une seule toilette pour tout le monde, dans un coin de la pièce, bouchée, évidemment et dégageant une odeur immonde. Le seau métallique utilisé le matin par le détenu qui est de corvée de ménage sert à midi pour apporter la nourriture. Enfin, ce qui en fait office : une sorte de liquide dans lequel baignent des lentilles. L'ingestion de la moindre bouchée de cette mixture a un effet immédiat sur le système digestif. Aussitôt avalée, aussitôt expulsée.

C'est l'heure des formalités. Photographies, premier interrogatoire. Un officier pakistanais me pose des questions en anglais. J'ai beaucoup de mal à comprendre. Alors il fait preuve de bonne volonté, recommence, parle lentement, fait des gestes. Je peux seulement lui dire que je suis français, que je n'ai plus de papiers. Puis je suis reconduit en cellule.

Nous sommes dans ce trou depuis une vingtaine de jours. Les Pakistanais nous tiennent toujours le même discours : ne vous inquiétez pas, on va vous ramener chez vous. Entre-temps, je suis passé entre les mains des services secrets pakistanais. Trois hommes très corrects, qui m'ont demandé mon nom, mon adresse, les noms de mes frères et sœurs, etc. Puis ils m'ont questionné longuement sur ma présence dans ce coin de la planète. Moi, j'ai expliqué que j'étais venu pour voyager, que non, je n'étais pas un taliban, ni un membre d'Al Qaïda.

Ils m'ont dit qu'ils allaient transmettre tout ça à Interpol. Puis ils m'ont fait remplir un papier, en me disant que c'était pour l'ambassade de France, qu'ils allaient les contacter. Et que c'était bon.

Je suis sorti de la salle d'interrogatoire plein d'espoir, persuadé que les autorités françaises allaient venir me chercher. D'ailleurs, après quelques jours, j'ai vu arriver l'ambassadeur d'Arabie Saoudite. Puis celui du Yémen. Ni l'un ni l'autre n'ont réussi à faire libérer leurs concitoyens détenus, mais au moins, ils savent qu'ils sont là. Alors j'ai attendu la venue de l'ambassadeur. Il n'allait pas tarder.

Personne n'est venu. J'ai passé mes journées assis sur ma toile, dans ce cachot puant, avec deux militaires qui braquaient en permanence une mitrailleuse sur nous. Pas de sorties, pas de promenade, pas de douche. Pour passer le temps, j'ai parlé un peu avec les uns et les autres. Mais j'ai gardé le moral : je m'étais sorti de situations tellement incroyables dans les semaines précédentes, celle-ci ne me semblait pas vraiment la plus difficile.

Mais le temps passe, et je suis toujours derrière les barreaux. D'autres sont déjà partis. Des prisonniers ont commencé à quitter la prison par petits groupes. Les Pakistanais leur ont donné des tenues bleues, les ont mis en rangs par deux et les ont emmenés. Où ? Chez eux, peut-être ? C'est ce que nous supposons. Enfin, les gardiens nous annoncent l'arrivée d'une délégation des Nations unies chargée de nous répertorier et de nous ramener tous dans nos pays d'origine.

Ils sont là, nos libérateurs. On me conduit devant eux, dans la salle d'interrogatoire. Quatre hommes et une femme, tous en civil, qui s'expriment en anglais avec un fort accent américain. Ils veulent me poser des questions. C'est reparti. Le plus âgé des cinq parle français. C'est lui qui m'interroge. Nom, prénom, lieu de naissance, adresse, vous êtes venu faire quoi en Afghanistan ?, etc. Le ton est froid, dur, mais l'homme reste très correct. À la fin, on me fait passer dans un autre bureau, on me reprend en photo, et on me ramène dans la cellule. Curieux. Je n'imaginais pas que les gens des Nations unies travaillaient comme ça. Mais enfin, grâce à eux, je vais bientôt rentrer.

D'ailleurs, en voici la preuve. Le soir même, les Pakistanais nous apportent des tenues bleues. Je ne suis pas fâché de changer de vêtement. Voilà plus de deux mois que j'ai les mêmes frusques sur le dos. J'abandonne sans regret mes haillons puants et raides de crasse, pour enfiler une combinaison de mécano bleu ciel. Lorsque les gardiens nous mettent des chaînes aux pieds et des menottes aux poignets, j'hésite. Ces précautions me semblent bien inutiles pour des gens que l'on s'apprête à libérer. Je me mets à douter du joli scénario des Nations unies. Les confidences de certains gardiens vont très vite confirmer mon mauvais pressentiment. Dans l'agitation du départ, ils lâchent le morceau. Nous allons être livrés aux Américains. La fameuse délégation des Nations unies, c'était la CIA.

Nous sommes une dizaine, tous en bleu, dans le camion qui nous conduit à l'aéroport. Le trajet n'est pas très long. On ralentit déjà, lorsque je suis pris de panique. J'ai de l'argent sur moi. Beaucoup d'argent. Au moment de notre arrestation, j'ai caché une petite liasse de billets, environ 8 000 francs français, pour le cas où. Attachés avec un bout de fil et placés contre mes parties intimes, mes sous ont échappé à toutes les fouilles. Mais que va-t-il se passer si les Américains me trouvent en possession de cette somme ? Je risque d'être pris pour un espion, un terroriste ou je ne sais quoi. En tout cas un type important, forcément, vu la somme. Comment m'en débarrasser, au plus vite ?

En me contorsionnant, malgré mes menottes, je réussis à récupérer le rouleau. À peine sur le tarmac, je fais signe au chef des gardes pakistanais qui nous accompagnent. Il s'approche. Je lui tends l'argent. Le type ouvre de grands yeux. De toute sa vie, il n'a sans doute jamais vu pareille somme. Il me remercie, me souhaite de sortir vite. Et s'éloigne, tout heureux de ce cadeau inespéré.

Je suis entre les mains des Américains. Pour l'instant, je ne vois pas vraiment la différence. Je me retrouve dans une petite salle, en face des mêmes types que la veille. La fameuse délégation des « Nations unies ». Ils me posent encore une fois les mêmes questions sur mon état civil. Je leur donne les mêmes réponses. Deux des types s'approchent. Fouille au corps minutieuse. Rien ne peut leur échapper. Je ne regrette pas de m'être débarrassé de mon argent.

Une fois ces « formalités » accomplies, on m'embarque à bord d'un avion militaire américain qui attend, sur la piste, à quelques mètres des bâtiments d'interrogatoire. Je suis attaché, accroupi, les mains liées et les jambes attachées à une longue barre fixée au sol. Nous sommes une dizaine de prisonniers sur ce vol, qui se pose une heure plus tard à Kandahar. Nous sommes revenus en territoire afghan.

7

Retour à Kandahar

Je ne m'attendais pas à des colliers de fleurs en arrivant. J'avais raison. Le comité d'accueil, c'est rien que du muscle. Les GI montent nous chercher un par un dans l'avion. Lorsque mon tour arrive, je suis traîné, encore enchaîné, vers la sortie. On me met une cagoule sur la tête, on me balance dans l'escalier, je m'écrase sur le béton de la piste. Deux autres costauds me ramassent et me mettent à côté des autres. Une fois que nous sommes tous en file indienne, un soldat arrive avec un long câble d'acier fin. Il fait d'abord une boucle autour du bras gauche du premier de la file, puis passe le câble autour du bras du deuxième, et ainsi de suite. Une fois que nous sommes tous reliés, les GI tirent de toutes leurs forces sur les deux extrémités du câble. Le câble s'enfonce dans la chair de mon bras. Mon sang ne passe plus. Cela fait terriblement mal. Mais ce n'est pas le moment de se plaindre. On nous fait nous allonger sur la piste glaciale. On est en janvier, maintenant, c'est l'hiver, il fait très froid et nous n'avons sur le dos qu'une mince tenue en toile. Peu importe. Il faut endurer le discours de bienvenue d'un militaire particulièrement excité. Je ne comprends pas tout, mais je saisis le sens de ses paroles. Cette espèce de cow-boy nous traite de divers qualificatifs assez peu respectueux, je crois même entendre « fuck the djihad ». D'après lui, nous nous sommes réjouis des malheurs de l'Amérique, le 11 septembre 2001. Il va falloir payer. Le type nous promet de nous massacrer. Vu les circonstances, j'aurais tendance à le croire. D'ailleurs, il joint aussitôt le geste à la parole, en écrasant de sa ranger la tête du pauvre gars allongé devant lui. Là, sincèrement, je me dis que c'est fini. Que ma vie va s'arrêter là. Ces types ont trop de haine, ils vont nous réduire en bouillie. Qu'est-ce qui peut les en empêcher ? Personne ne sait qu'on est entre leurs mains. Ils peuvent faire ce qu'ils veulent.

Dans l'immédiat, j'ai l'impression qu'ils veulent surtout nous faire mourir de froid. Voilà une heure que nous sommes couchés sur le béton glacé. Enfin, on nous relève. Le câble se met en route brutalement, tiré par des soldats en pleine forme et bien équipés. Nous, on est enchaînés, les pieds nus bientôt en sang à force de courir sur le ciment, sans même savoir où on va. On traverse comme ça une bonne partie des pistes. Je tente de me repérer, malgré la cagoule : j'arrive à distinguer des formes au travers du tissu. On s'arrête devant une sorte de tente. Les soldats nous détachent du câble, un par un. Un par un, ils nous conduisent à l'intérieur. Lorsque mon tour arrive, je comprends pourquoi on attend si longtemps avant d'entrer. C'est l'heure du premier passage à tabac. Ils sont une dizaine, tout autour de moi. Les coups pleuvent, coups de poing, coups de pied. Je suis jeté à terre, relevé, je retombe. Ils montent à plusieurs sur mon dos, m'écrasent de tout leur poids.

Pendant ce déluge de coups, j'essaie d'esquiver du mieux possible. Je parviens à éviter la plupart des frappes, ou au moins à les détourner vers les parties les moins sensibles de mon corps. Mais quelqu'un a repéré ma technique. À sa voix, je devine que c'est une femme. Elle s'approche de moi alors que je suis immobilisé au sol, me prend la tête avec ses deux mains et se met à me cogner de toutes ses forces sur le ciment. Bang, bang, ça tape fort. Mais ce n'est pas assez. Alors on me traîne à l'extérieur, jusqu'à une sorte de trottoir. On me met la tête sur le rebord en ciment. Et le plus lourd de mes tortionnaires appuie dessus avec son pied. Il appuie, il appuie. Mon crâne est sur le point d'exploser. Je sens que je perds connaissance. « Stop. » Visiblement, ils ne veulent pas en finir tout de suite. On me ramène dans la tente.

Changement d'ambiance. Lorsqu'on me retire la cagoule, je suis face à une sorte de jury, des militaires, cinq ou six assis derrière une table. Un soldat joue le rôle d'interprète anglais-arabe. Cela ne m'aide pas beaucoup pour répondre aux deux questions qu'on me pose. Ces types veulent savoir si j'ai rencontré Ben Laden ou son bras droit, Mollah Omar. Je dis non. Et si je me suis entraîné à tirer au pistolet. Je dis oui. Terminé.

On m'emmène dans une autre tente, pleine de monde. Des soldats, des civils en blouse blanche. « Visite médicale. » À poil, dans le froid et devant tous ces étrangers, il faut se baisser, subir l'introduction d'un doigt inquisiteur dans l'anus. Après diverses palpations rapides, on me met un bracelet de plastique riveté autour du poignet. Dessus, un numéro, le 294. Désormais, je m'appelle « two nine four ». Chaque fois que j'entendrai ces trois chiffres, je devrai répondre présent. On me remet la cagoule, une âme charitable remonte à demi ma combinaison jusqu'à la taille. Et on me traîne jusqu'à un hangar.

Là, les soldats me font entrer dans une sorte d'enclos fait de barbelés et me jettent à terre. « You move, I shoot. » Tu bouges, je tire. C'est le genre de phrase que l'on comprend spontanément, sans traducteur. Question de survie. Je ne bouge donc pas, même quand les soldats s'amusent à empiler sur moi les autres prisonniers, une dizaine, nus comme des vers. Coincé sous cette pyramide de chair, j'ai du mal à respirer. Mais je pense à ceux du dessus, qui claquent des dents sans pouvoir broncher.

Une fois lassés de leur petit jeu sadique, les GI ramènent quelques vêtements et des couvertures. Mais ils nous interdisent toujours le moindre geste. Impossible d'aller jusqu'au seau qui sert de toilettes, dans le coin de l'enclos. Il faut attendre, couché et immobile. On a enfin le droit d'enlever la cagoule qui nous aveugle et de bouger lorsque des soldats nous distribuent un peu de nourriture. Moi, je suis tellement terrorisé et tellement gelé que je n'arrive même pas à manger. Je constate que quelques-uns de mes compagnons sont très amochés.

Notre enclos est illuminé en permanence par de puissants projecteurs. Pas de jour, pas de nuit, nous ne savons plus quelle heure il est. De temps à autre, des GI entrent et se mettent à nous hurler dessus, à deux centimètres de l'oreille. Ne pas bouger, surtout. Une ou deux fois, ils viennent avec des chiens qu'ils lancent sur nous en les faisant aboyer. Nous baignons dans une atmosphère de terreur permanente.

« Two nine four. » C'est mon tour d'aller à l'interrogatoire. On me traîne hors de l'enclos, on me recouvre la tête de la cagoule, pieds et mains toujours entravés. Je marche à tout petits pas, en essayant de suivre le rythme de mes gardiens, les fers serrés sur mes chevilles me blessent au sang. Je ne recouvre la vue qu'une fois en face de l'interrogateur. On recommence, toujours les mêmes questions. Nom, prénom, adresse, père, mère, frères, sœurs… Puis l'Afghanistan, pourquoi, comment. Je réponds. L'homme, en face de moi, note sans manifester la moindre émotion. Puis il me tend une feuille imprimée. Une sorte de contrat qui précise que, si j'essaie de me sauver, on me tuera. Je signe.

On me ramène dans mon hangar, derrière les barbelés. Là, surprise, quelques instants plus tard, je vois entrer un petit groupe de civils. Je ruse pour les observer sans me faire voir. Les Américains nous interdisent de lever les yeux, et gare à ceux qui se font prendre. Sauf que ces gens parlent en arabe et s'adressent visiblement à nous. Alors, je relève la tête. C'est une délégation de la Croix-Rouge. Ils nous font signe d'approcher. Les gardiens ne bronchent pas. Je me lève, je me dirige lentement vers eux. D'autres font comme moi. Bientôt, tout le monde est aligné le long des barbelés, dans une sorte de parloir géant improvisé.

L'un des membres du groupe parle français. Je lui explique en deux mots ma situation. Il me demande si je souhaite faire prévenir l'ambassade. Il pense que les Américains l'ont fait, me promet de vérifier. Il me propose également de prévenir ma famille. Puis il me questionne sur nos conditions de détention. Pas besoin d'en dire une tonne pour lui faire comprendre comment cela se passe. Il voit. Il sait. Mais il ne peut rien faire. Les Américains refusent d'appliquer les conventions internationales sur les prisonniers de guerre, arguant que nous ne sommes pas des combattants réguliers. Pour ma part, je ne suis même pas un combattant. Qu'importe. Parler librement avec cet homme bienveillant me fait le plus grand bien au moral.

Le départ des gens de la Croix-Rouge marque le retour au régime ordinaire. Allongé sur le sol, dans le froid glacial, sans parler ni bouger, sous la lumière aveuglante des spots. Le temps semble s'être arrêté. La vie aussi. Jusqu'au moment où une escouade de GI débarque dans le hangar. On nous emmène ailleurs. On doit de nouveau subir les cris, les chaînes, la cagoule, le câble qui nous scie le bras gauche. Le câble qui nous tire vers une nouvelle destination, à petits pas, pieds nus sur le sol glacé. On marche sans savoir ni voir pendant un très long moment. Puis on s'arrête. Le câble est desserré. Lorsque je recouvre la vue, je découvre notre nouvelle résidence : une grande tente dont les côtés ont été relevés afin d'offrir une vue complète sur l'intérieur et remplacés par des barbelés. Sous le toit de toile, un plancher de bois.

Le lieu a changé. On y a gagné un peu de vision sur l'extérieur. Je peux ainsi voir d'autres tentes similaires à la nôtre, un peu plus loin. Neuf d'un côté, neuf de l'autre. La tente la plus proche de la nôtre fait office d'infirmerie. Elle est entièrement occupée par des blessés. Des prisonniers ramassés avec des bras ou des jambes en moins au sortir de l'enfer de Tora Bora. Un Koweïtien ne peut même pas se lever du brancard sur lequel il gît. Il a été gravement touché par un éclat d'obus. Sa plaie ne se referme pas. Il est d'une maigreur terrible. Je suis persuadé que ce type va mourir. Les soins sont réduits au strict minimum. Je ne me souviens pas avoir vu un seul médecin passer. C'est un détenu qui s'occupe du pauvre Koweïtien dont il faut sans cesse nettoyer la plaie. Ce sont les détenus les plus valides qui aident les amputés des jambes à aller jusqu'au seau pour les besoins. C'est la misère.

L'endroit change, mais les règles restent les mêmes. Lumière toute la nuit, interdiction de parler et de bouger, une seule position autorisée : couché, sauf pour les repas. La terreur est toujours au programme. Peu de temps après notre installation, un groupe de soldats arrive à petite foulée, bien alignés, poussant des cris rauques en frappant le sol en rythme de leurs grosses rangers. Pas bon signe, ça. Pas du tout, même. Je commence à connaître un peu ces types, et là, je suis sûr qu'ils préparent un mauvais coup. Pas de chance pour les occupants de la tente voisine. C'est pour eux. Les soldats se placent tout autour, se mettent en position de tir, canons braqués vers les pauvres types couchés au sol. Les premiers à entrer sont les maîtres chiens, avec leurs bêtes, d'énormes bergers belges, qu'ils jettent sur les prisonniers. La folie et la fureur se mêlent dans les aboiements et les cris. Le sang coule sous les morsures.

Lorsque les maîtres chiens se retirent, c'est au tour des soldats d'entrer, pour une sorte de « finition à la main ». Un bon tabassage à l'ancienne, à coups de pompe généreusement distribués. Enfin, les prisonniers ensanglantés et à demi assommés sont extraits de la tente, attachés par le câble et emmenés ailleurs. Toute la scène, depuis le début, est filmée par des soldats équipés de caméras vidéo.

Depuis que nous sommes installés dans cette nouvelle tente, les interrogatoires se succèdent sans discontinuer, de jour comme de nuit. C'est un va-et-vient incessant de gardes, de détenus qu'on enchaîne. Moi, j'hérite d'un interrogateur qui me dit s'appeler Franck. Un nom bidon, bien sûr. Comme il parle convenablement le français, c'est à lui, et à lui seul, que je vais avoir à faire face désormais.

Chaque fois, c'est le même scénario. Il est assis derrière son bureau. Je lui fais face, entravé sur ma chaise. Seule faveur, Franck fait ôter la cagoule qui me recouvre la tête. Un soldat armé se tient derrière moi, prêt à tirer au moindre geste suspect. Une lampe puissante est braquée sur mes yeux.

Franck commence les séances par une petite leçon de morale. « Tu as vu ce qui nous est arrivé, les attentats du 11 septembre, tous ces innocents qui sont morts. Alors, il faut que tu nous aides. Il faut que tu nous donnes des renseignements. Il faut que tu coopères. Sinon, on va utiliser d'autres moyens. »

Moi, je lui dis que je veux bien l'aider. Pour éviter la torture, je suis même prêt à lui dire tout ce qu'il veut entendre. Et on commence. Au fil de nos rendez-vous, je lui raconte ma vie. On commence par les sempiternelles questions d'état civil et de famille. La fois suivante, on entre vraiment dans le vif du sujet. Je lui raconte que je suis parti de Vénissieux le 21 juin pour aller faire du tir en Afghanistan, en commençant par une halte à Londres. Londres ? Franck, qui prenait mollement des notes, lève son crayon. Il me fait répéter. Oui, je suis passé par Londres, et même par Finsbury Park, pour être précis. Alors là, c'est carrément la joie. Il fait des bonds, tape dans ses mains. « Tu es allé à Finsbury Park ? Alors c'est bon. On sait qui tu es, les gens que tu as côtoyés, on les connaît. On les a tous photographiés. Cet endroit, on le surveille vingt-quatre heures sur vingt-quatre. Et si ça se trouve, on a aussi ta photo. Je vais faire vérifier. »

Il est content, Franck. Il va pouvoir annoncer à ses chefs qu'il a mis la main sur un authentique terroriste, un Français, qui plus est, la preuve qu'il s'agit bien d'un réseau international. Il sort quelques instants, revient et pose un cake et une canette de Coca devant moi. Des semaines que je n'ai pas mangé quelque chose de bon. Je ne laisse pas une miette de gâteau, pas une goutte de soda.

À compter de ce moment, Franck ne me lâche plus. Il me fait venir chaque nuit, en général vers une heure du matin, pour quatre ou cinq heures de « conversation ». Il veut que je lui dise tout. Les noms des gens que j'ai rencontrés, les endroits et les heures, les numéros de téléphone que j'ai appelés. À plusieurs reprises, il s'arrête sur un détail, un individu. C'est par exemple le cas avec l'Algérien que j'ai rencontré à Londres. Je ne sais pratiquement rien de ce gars-là, sauf qu'il nous a hébergés et qu'il nous a acheté les billets. C'est tout. Mais son cas va occuper des heures et des heures d'interrogatoire. En désespoir de cause, Franck me ramène un soir deux types des services secrets britanniques, venus avec d'énormes albums de photos. Tout ce qui ressemble de près ou de loin à un islamiste vivant à Londres défile sous mes yeux. Je ne reconnais personne, pas même mon contact.

Quand il est content de moi, Franck me donne une couverture. Il fait un froid terrible, et, comme mes compagnons, je n'ai qu'une simple tenue de toile sur le dos. Alors, la couverture, j'apprécie. Mais Franck en veut toujours plus, et parfois il se fâche. Il trouve que je ne coopère pas assez. Et il reprend la couverture, hausse le ton, menace de changer de méthode. Il tend un doigt vers la tente voisine, d'où nous parviennent sans cesse des cris étouffés. La salle de torture tourne à plein régime. Parfois, la punition est immédiate : les soldats qui me ramènent sous la tente ont reçu la consigne. Ils me passent à tabac sur le chemin du retour.

D'ailleurs, ils n'ont pas besoin d'ordres pour taper. Une nuit, alors que j'attends l'arrivée de Franck, les deux militaires qui m'ont amené s'attardent un peu. L'interrogateur est en retard, alors ils en profitent. Pendant que le premier me tape dessus, le second prend des photos. Je vois nettement, à travers la cagoule enfoncée sur ma tête, les éclairs du flash. Cela dure un bon moment, jusqu'à ce que quelqu'un entre dans la pièce et qu'une voix féminine leur ordonne d'arrêter leurs conneries.

À Kandahar, les journées sont terribles. J'ai faim. On nous donne à manger deux fois par jour, vers deux heures du matin, puis vers neuf heures du matin. Il fait tellement froid que les rations sont gelées, presque immangeables. Il faut se forcer pour avaler quelque chose pour ne pas mourir de faim. Normalement, les sachets contenant la nourriture sont accompagnés d'un système permettant de les réchauffer. Il suffit de mélanger deux produits chimiques contenus dans des petits sacs plastiques étanches pour obtenir une réaction qui dégage une très forte chaleur. Mais les responsables américains ont donné l'ordre de supprimer le système de réchauffage, de peur que certains détenus n'avalent les produits chimiques pour se suicider.

En plus de manger froid par ces températures sibériennes, on mange peu. Car les militaires chargés de la distribution des repas sont des affamés. Leurs propres rations ne leur suffisent apparemment pas : ils se servent dans les nôtres. Ils prélèvent une sorte de dîme sur ce qui nous est affecté. Difficile de faire une mesure exacte, mais en gros, quatre des cinq rations qui nous sont destinées sont détournées.

À la faim et au froid, il faut ajouter la fatigue. Je suis crevé. Pas moyen de dormir. La nuit, ce sont les interrogatoires. Le jour, les avions qui décollent et atterrissent sans arrêt dans des hurlements de réacteurs à dix mètres de nous. Il y a aussi les hélicoptères qui patrouillent en permanence, les alertes, les tirs contre la base, les ripostes.

La seule distraction consiste à regarder les mouvements sur la base. À première vue, les Américains ne comptent pas repartir demain. Ils sont en train de faire des aménagements colossaux, construisent des bâtiments, des routes, de nouvelles pistes. Partout des engins, des camions, rien que du matériel neuf. Lorsque j'ai pris l'avion pour Kaboul, en septembre, c'était un aéroport pouilleux, une poubelle. C'est devenu une immense base dernier cri.

Je vois aussi des groupes de prisonniers qui arrivent, d'autres qui partent. Où vont-ils, ceux-là ? Mystère. Des rumeurs circulent. J'entends parler de Cuba, du Pakistan, de Dubaï, d'une base dans l'océan Pacifique. Les spéculations vont bon train. Mais personne ne sait rien.

Côté militaire, ça circule beaucoup aussi. Il y a des détachements de tous les pays. Il y a aussi des délégations de civils en visite, sans doute des représentants de différents gouvernements engagés aux côtés des États-Unis. Tout ce beau monde va et vient, mais personne ne semble s'intéresser à nous. À part, bien sûr, les représentants de la Croix-Rouge qui passent pratiquement tous les jours mais qui ne peuvent rien nous dire sur ce qui nous attend.

Ces gens font ce qu'ils peuvent pour adoucir notre quotidien. Ils nous ont donné des sous-vêtements, des bonnets aussi, pour nous aider à nous protéger du froid. Ils ont apporté des exemplaires du Coran pour ceux qui voulaient prier. Cela va d'ailleurs donner lieu à quelques incidents. À plusieurs reprises, des GI trop stupides ou trop énervés s'en prennent aux livres, les jettent au sol ou les envoient valdinguer loin derrière les clôtures. Certains de ces types en uniforme ont à peine dix-huit ou dix-neuf ans et ne sont sans doute jamais sortis de leur bled. De vrais gamins qui font n'importe quoi. Ils agissent plus par bêtise que par méchanceté. N'empêche.

Cela déclenche chaque fois des cris, des protestations, des insultes. Certains se plaignent à la Croix-Rouge de ces offenses faites à leur religion. Les représentants promettent chaque fois de faire cesser cela. Mais ça recommence toujours. La seule chose certaine, c'est qu'à chaque fois qu'il y a une dénonciation, les gardes nous le font payer par des tabassages en règle.

Malgré tout, notre régime pénitentiaire s'est un peu assoupli. Les coups, les insultes, les crachats et les humiliations sont notre lot quotidien. Mais nous pouvons désormais marcher un peu et parler entre nous. Nous avons également obtenu le droit de nous protéger un peu des regards avec notre couverture lorsque nous allons nous soulager sur le seau commun, dans le coin de la tente. Les Américains nous laissent aussi faire les cinq prières quotidiennes.

Ce n'est pas suffisant pour moi. J'ai le moral à zéro. Je suis sûr de ne jamais ressortir vivant de cet endroit. Alors, avec le papier et le crayon fourni par la Croix-Rouge, j'écris à ma famille une sorte de lettre d'adieu. Je leur demande du fond du cœur de ne plus s'occuper de moi, mais de prendre soin d'eux. Parce que je ne les reverrai jamais.

J'ai beau chercher, je ne vois pas d'éclaircie dans mon ciel de prisonnier. Dans ma tête, c'est « Nizar no future ». Même les projets d'évasion de certains détenus me laissent indifférents. Il faut dire que le coup du bus, dans lequel j'ai bien failli laisser ma peau, m'a vacciné. Depuis que les Américains ont assoupli le régime disciplinaire, les discussions vont bon train dans les tentes, et aussi d'une tente à l'autre. Quelques meneurs en profitent pour appeler à un soulèvement général. Leur plan est d'une simplicité enfantine. Il suffit de se lever tous en même temps, de jeter des couvertures sur les barbelés et de les enjamber à toute vitesse. Les soldats auront sans doute le temps de tirer et de tuer les premiers, mais ils ne pourront pas stopper tout le monde. Une fois neutralisés, leurs armes seront récupérées et utilisées pour couvrir la fuite. Ce plan ne sera jamais mis à exécution. Beaucoup de mes compagnons refusent de prendre le risque d'un massacre, alors que les chances de réussite sont si faibles.

Ce matin ressemble à tous les autres matins de Kandahar. Glacial. J'ai depuis longtemps perdu toute notion du temps. Je ne sais même plus depuis combien de temps je suis dans cet endroit. Quatre ou cinq semaines, sans doute. Mais au sortir de ma longue nuit d'interrogatoire, je regarde le jour qui se lève d'un œil un peu différent. C'est sans doute la dernière fois. Franck, mon interrogateur, vient de m'annoncer que je vais être transféré ailleurs. Il ne m'a pas dit où. Il m'a seulement parlé d'un endroit où il y a des tribunaux. Il m'a dit que là-bas je pourrai me défendre. Et que si je n'ai rien à me reprocher, il n'y aura pas de souci. J'ai du mal à croire à ces belles paroles.

Un groupe de soldats vient vers nous, s'arrête devant l'entrée de la tente. Le chef du détachement appelle des numéros. Une courte liste, dans laquelle j'entends le « two nine four ». Je me lève et je sors, prêt pour les formalités habituelles : cagoule sur la tête, pieds et mains entravés par des chaînes, le câble autour du bras gauche. On nous fait marcher un long moment. Lorsqu'on me détache, je me retrouve avec quelques-uns de mes compagnons dans une nouvelle tente, un peu à l'écart. Pas d'explication, seulement une longue attente de plus. La journée passe. La nuit commence à tomber lorsqu'un nouveau détachement de GI vient nous chercher. Liens, cagoule et c'est reparti. Tiens, il me semble que cette fois, on change de direction. On s'éloigne du secteur des tentes. À travers l'étoffe de ma cagoule, j'arrive à distinguer quelques éléments du paysage. Je vois la silhouette d'un gros avion tout proche. Puis on entre dans une tente. Cliquetis des chaînes que l'on détache. Lumière. Je cligne un peu des yeux sous la violence des spots.

Nous sommes entourés de gens en blouse blanche. OK, j'ai compris. Visite médicale obligatoire. On se déshabille. Un type avec des gants de latex me palpe un peu partout. Je dois me pencher, subir encore une fois l'humiliation du doigt dans l'anus devant tout le monde. Une sorte d'infirmière me passe un coton imbibé de produit dans la bouche. Une autre me fait avaler une poignée de cachets, me colle des carrés adhésifs sur le bras, dans le dos. Des patchs.

On me tend une nouvelle tenue. Une veste et un pantalon de toile orange. Une fois rhabillé, je suis de nouveau entravé. La nouveauté, c'est la paire de grosses lunettes noires totalement opaques qui remplace la cagoule. Et puis plus rien. On m'abandonne quelque part, couché sur le sol. Pas pour longtemps. Des pas, deux voix. Des soldats. Ils me relèvent. Ce n'est pas bon signe. Je m'attends à être passé à tabac, une nouvelle fois. Tiens, non. J'entends le déclic à répétition d'un appareil photo. Ça va, j'ai compris. Ce ne sont que deux bidasses qui se paient une petite séance de photo souvenir en compagnie d'un dangereux terroriste. Ils posent alternativement à côté de moi, l'un des deux passe même son bras sur mes épaules. Puis ils me recouchent sur le sol et s'en vont. Bye bye.

Encore des heures d'attente, encore des bras qui me soulèvent, le câble qui me serre le bras, la marche à l'aveuglette. Stop. Encore des mains qui me palpent. On me pousse sur une étroite passerelle. Quelques marches à monter. Je suis dans un avion. Je sens cette ambiance si particulière qui règne dans les carlingues, un peu oppressante. On me cale sur un banc, le long de la paroi. Pieds attachés au sol, mains liées sur le ventre, tête coincée dans une sorte de carcan de plastique fixé à la paroi. Je suis totalement immobilisé. Comme paralysé. Je ne peux faire qu'un seul et unique mouvement : ouvrir la bouche. Ce qui va se révéler utile par la suite. Car durant la vingtaine d'heures que durera le vol, les soldats passeront régulièrement devant nous, avec trois questions.

La première, c'est : « Food ? » Manger ? La seule façon de répondre oui, c'est d'ouvrir la bouche. On se retrouve aussitôt avec un énorme morceau de sandwich à mastiquer. Pas de choix dans le menu. C'est systématiquement la même chose : pain de mie, beurre de cacahuète et confiture de fraise. Un peu écœurant, à la longue, mais il faut reconnaître que ça cale.

La deuxième, c'est : « Drink ? » Boire ? Même topo. Il suffit d'entrouvrir les lèvres et d'attendre. Une seconde après, le goulot d'une bouteille en plastique vient se coller dessus. Ravitaillement en plein vol façon US Air Force.

La troisième, corollaire des deux premières, c'est : « Bathroom ? » Toilettes ? Un petit mouvement des lèvres, et on est détaché du siège. Toujours totalement entravé, on est saisi par quatre bras musclés, traîné jusqu'au lieu adéquat. Un coup sec et hop, on a le pantalon sur les chevilles. Au moins, personne ne se fera dessus, cette fois.

Ces quelques attentions ne doivent cependant pas faire illusion. Ce voyage n'a rien d'une partie de plaisir. Je suis dans un état second, une sorte de semi-coma dû aux médicaments qu'on nous a fait avaler avant le départ. J'ai des problèmes de nez à cause de la pressurisation, ce qui m'oblige à respirer par la bouche. J'ai mal partout du fait de la position dans laquelle je suis ligoté. Le bruit assourdissant des réacteurs me donne mal au crâne. C'est un supplice.

8

Bienvenue à Guantanamo

Combien de temps dure le vol ? Je ne sais pas. Mais à un moment, je sens que l'appareil perd de l'altitude. On descend sec. Un choc. Ça y est, les roues ont touché le sol. Le dernier coup de frein. Enfin, le calme. Et la chaleur. Elle est entrée d'un coup, à l'ouverture de la porte. Une sorte de bouffée bienfaisante, après toutes ces semaines passées dans le froid glacial de l'hiver afghan, sans rien ou presque sur le dos. C'est déjà ça.

Le reste est sans surprise. On me sort de l'avion sans ménagement. À peine les pieds sur la terre ferme, des mains me palpent un peu partout. Je ne vois toujours rien, mais je sens qu'il y a beaucoup de monde autour de moi. Après ce simulacre de visite médicale, on me fait monter dans un bus. On m'attache les menottes à une barre fixée au sol. Et là, c'est ma fête. Je suis roué de coups. Les types qui sont à l'œuvre maîtrisent parfaitement la technique. Ils savent où et comment frapper pour faire mal sans laisser trop de traces. Impossible d'esquiver, cette fois. Ils ne cessent de me hurler dessus. « Don't move ! » Ne bouge pas ! La dérouillée semble ne jamais devoir finir. Soudain, tout s'arrête. Quelques secondes de calme. L'œil du cyclone. J'entends des jappements, des bruits de griffes qui grattent sur le plancher métallique du bus. L'instant d'après, des chiens se jettent sur moi en aboyant comme des enragés. Je sens leur souffle dans mon cou, leurs dents sur mes mollets. Les bêtes sont parfaitement dressées : elles mordent ce qu'il faut pour nous terroriser sans jamais attaquer les chairs. Le sang ne doit pas couler. N'empêche, ça fait sacrément mal. Puis les maîtres chiens rappellent les animaux. Le plus dur est passé. Bon, il y a bien encore un type qui me pisse dessus. Mais au point où j'en suis, je m'en fous. Je compte mes bosses et mes bleus. Rien de cassé.

Mon tour passé, c'est celui des autres arrivants. Chaque prisonnier qui monte dans le bus a droit au même traitement musclé. Puis on démarre. Le bus roule un moment. S'arrête. Je redoute la descente. J'ai peur d'un nouveau comité d'accueil à l'américaine. Apparemment, ce n'est pas au programme. On me fait sortir. On m'enlève les lunettes noires. La lumière est si violente que je ne peux pas ouvrir les yeux. Ça tombe bien, c'est la consigne. Une femme en uniforme me demande de fermer les yeux et de baisser la tête. Chose étrange, elle me parle gentiment. C'est la première fois depuis longtemps.

Une voix d'homme prend le relais. Il faut se mettre

à genoux. J'entends de nouveau le bruit d'un appareil photo qui se déclenche plusieurs fois. D'autres ordres suivent. Debout. Marche. Stop. Ouvre les yeux. Je peux enfin regarder autour de moi. Il fait nuit. Je suis dans une sorte de petite cour entourée d'un mur, éclairée par des projecteurs. Au centre, il y a une vasque en ciment avec un jet d'eau. Devant moi, un grand type en uniforme qui me tend un morceau de savon. « Wash. » Compris. C'est l'heure de la douche. Je fais mes ablutions, sous le regard d'autres GI qui sont là comme au spectacle. Le gars me tend une serviette pour me sécher et couvrir ma nudité, avec une paire de claquettes. Puis il me fait signe de le suivre.

L'étape suivante se déroule sous une grande tente qui sert d'infirmerie. Beaucoup de militaires vont et viennent, des infirmières en tenue blanche s'activent auprès d'autres gars. L'une d'elles s'approche de moi, me fait ouvrir la bouche et commence à me badigeonner l'intérieur avec plein de produits bizarres. Ce qui ne l'empêche pas de me faire un brin de causette un peu surréaliste. Elle me demande d'où je viens. Je lui réponds : de France. Et hop, la voilà qui se met à me parler de la France, quel beau pays, j'y suis allée, j'aime beaucoup, etc. Je n'en reviens pas. Je suis là, mort de trouille, et elle me raconte ses vacances comme si on était chez le coiffeur.

Une fois le badigeonnage terminé, l'infirmière me met un masque sur la bouche. Un carré bleu, d'une sorte de papier un peu duveteux, retenu par un élastique derrière la tête. En fait, les Américains ont peur que nous les contaminions avec je ne sais quel virus.

Ensuite, on me reprend la serviette qui me servait de pagne, et c'est parti pour une séance de palpations, sans oublier le désormais traditionnel doigt dans l'anus. On relève mes empreintes digitales, on photographie les iris de mes yeux, on me prend un petit échantillon de sang pour des analyses d'ADN. La totale.

Enfin, on m'attribue un nouveau numéro. Je ne suis plus le two nine four, mais le three two five. Le 325. Et comme à Kandahar, on me met un bracelet de plastique au poignet. Sauf que celui-là est infiniment plus sophistiqué. Il porte non seulement mon numéro de matricule mais aussi mon nom, mon prénom, ma photo. Une véritable carte d'identité.

Les formalités médico-légales terminées, on me remet ma tenue orange. Juste avant de quitter la tente, je passe devant un type assis derrière une table. Dans un mauvais français, il m'explique les nouvelles règles, pas très compliquées, de cet endroit. En gros, tout est interdit, OK ? Compris. Un autre soldat arrive, une carte vierge à la main. « Tiens, écris une carte à ta famille. Dis-leur que tu vas bien. » Je m'exécute et griffonne trois mots. Je signe. Et je suis pris en charge par deux soldats. On me remet les lunettes noires, on me rattache les pieds et les mains. Mes deux anges gardiens me prennent chacun par un bras, et en route.

Lorsqu'ils m'ôtent enfin les lunettes noires, je me retrouve dans une cage. Une sorte de cellule minuscule, d'un mètre quatre-vingt sur deux mètres, toute en grillage. Même le plafond. L'inventaire est vite fait : pour tout mobilier, je dispose de deux seaux, l'un contenant de l'eau pour me laver, l'autre pour faire mes besoins, d'un bout de savon, d'une serviette et d'une gourde d'eau potable tellement javellisée qu'elle est presque imbuvable. Le lit se résume à une simple feuille de mousse, un peu comme les tapis de gymnastique, et à une couverture. Un exemplaire bilingue du Coran, arabe-anglais, est posé délicatement dans un coin.

À droite, à gauche, d'autres cages, séparées de la mienne par une cloison grillagée. Devant, de l'autre côté de l'allée, d'autres cages. Celle située juste en face de moi est déjà occupée. Coup de chance, c'est un Français, et je le connais. Je l'ai croisé chez les Algériens, en Afghanistan. Il est arrivé depuis deux semaines et tente de me rassurer. « C'est bon, ici il fait chaud, tu vas pouvoir dormir un peu. Ce sera toujours mieux que là d'où tu viens. » Et je suis où ? « À Cuba, mon pote. Bienvenue à Guantanamo. »

Comme cadeau d'arrivée, j'ai droit à une ration militaire complète. À Kandahar, nous n'avions droit qu'au plat principal. Cette fois, je découvre l'intégralité du menu de base de l'armée américaine dans sa boîte en carton d'origine. Certes, le système de chauffage chimique est toujours absent, pour raisons de sécurité, mais tout le reste y est, le cake, le jus de fruits en poudre, même des M&M's ! En croquant les cacahuètes enrobées de chocolat, je me dis que, décidément, ils sont fous, ces Américains. Ils me battent, ils me jettent en prison, et ils me donnent des bonbons !

Je mange de bon cœur. Mais le répit est de courte durée. À peine la dernière bouchée avalée, on vient me chercher. Je dois remettre le masque chirurgical sur la bouche, les lunettes noires, les chaînes aux mains et aux pieds. Retour à l'infirmerie pour une nouvelle visite complète. On recommence le cinéma. Je me retrouve à poil devant tout le monde, palpé, inspecté par un type en blouse. Il insiste particulièrement sur mon pénis. Puis on m'enlève le masque chirurgical et on me badigeonne de nouveau l'intérieur de la bouche avec un autre produit. On me fait comprendre que c'est bon, je peux désormais me passer du masque. Enfin, je dois avaler une poignée de cachets contre toutes sortes de maladies, la typhoïde, la tuberculose et je ne sais quoi encore. Pas question de renâcler. Pour les récalcitrants, il y a dans un coin deux ou trois colosses en uniforme, prêts à user de la manière forte. Le genre de gars qui vous ferait avaler les pilules et le flacon avec. J'obtempère donc sagement, ce qui me vaut d'être ramené dans ma cage sans bobos supplémentaires. Je peux enfin m'allonger sur le maigre matelas de mousse. Je m'endors aussitôt.

C'est la prière qui me réveille, le lendemain. La journée s'annonce magnifique, le ciel est bleu, sans un nuage à l'horizon. Je me joins à mes compagnons pour la première prière de la journée. Puis je prends un peu de temps pour enfin observer le paysage. C'est splendide. S'il n'y avait pas ces grillages, je me croirais en vacances quelque part dans une île paradisiaque. Au fond s'élève une colline verdoyante. Partout, il y a des arbres, des plantes, de la verdure. Beaucoup d'animaux, aussi, des oiseaux, des iguanes, des serpents. Je suis passé du désert glacé à la jungle tropicale.

Ma rêverie est interrompue par l'arrivée de deux gardes. « Interrogatoire. » Déjà. Ils ne perdent pas de temps. Comme pour chaque déplacement dans le camp, je suis entravé. Cette mesure est systématiquement appliquée afin de prévenir toute velléité d'évasion. Les mains sont attachées à une chaîne serrée à la taille. Les mollets sont pris dans des fers serrés si fort qu'ils entaillent les chairs, reliés ensemble par une courte chaîne. Aucun regard n'est permis. Les lunettes opaques sont obligatoires. Pour faire bonne mesure, les gardiens exigent que le détenu garde la tête baissée.

Ce camp dont je n'ai pas vu grand-chose est immense. Pas besoin des yeux pour le deviner. Les pieds suffisent. Aller jusqu'à la salle d'interrogatoire demande un temps infini. Il faut marcher, marcher, encore marcher. Les fers m'entaillent les mollets, j'ai les pieds en sang. Les soldats tirent de plus belle sur la laisse de cuir attachée à ma taille pour me faire avancer, toujours plus vite.

Enfin, nous arrivons à destination. On m'attache sur une chaise, on m'ôte les lunettes. Je suis dans une salle toute en bois. Juste à côté de moi, un garde, fusil à pompe en main, ne me quitte pas des yeux. Je lis sur son visage la seule chose qu'il a envie de dire : « Si tu bouges, je t'en mets une. » En face, derrière un bureau, l'interrogateur en uniforme, un dossier ouvert devant lui, et le traducteur, un civil. C'est reparti. Tu es qui, tu viens d'où, tu as rencontré qui, tu étais à quel endroit, tu connais qui en France, tu connais qui à Londres, et ailleurs ? L'interrogateur pose les questions, son voisin traduit. Rebelote les photos, celui-là, tu le connais ? Et celui-là ? Ça dure à peine une heure. Puis le type referme le dossier, se lève et s'en va. Les sentinelles me ramènent à la cage.

L'après-midi, même chose. Des militaires viennent me chercher. Je crois repartir pour l'interrogatoire. Erreur. On m'amène dans une tente, on m'enlève les lunettes et les menottes. Un gars en civil s'avance vers moi, me serre la main. C'est un représentant de la Croix-Rouge. Il me fait asseoir, m'offre des cookies, me demande comment ça va. Il n'a pas le temps d'en dire beaucoup plus. Ce type, en face de moi, c'est mon seul espoir. Alors, je me mets à le harceler de questions. Les mots se bousculent pour sortir de ma bouche, je veux savoir ce que je fais ici, pourquoi, pour combien de temps, qu'est-ce qui va m'arriver, ce que font les autorités françaises pour me sortir de là. Je lui répète sans cesse que je n'ai rien fait, que je n'ai rien à faire à Guantanamo, qu'il faut m'aider à sortir de ce trou. Le pauvre, il a bien du mal à endiguer le flot de mes interrogations. D'autant qu'il n'a aucune réponse à me donner. Il ne sait rien. Il tente seulement de me rassurer, me demande de faire preuve de patience. Il me propose aussi d'écrire des lettres à ma famille, qu'il se chargera de faire passer.

Il ne m'a rien promis. Mais sa visite m'a fait un bien fou. Je suis heureux d'avoir enfin pu bavarder avec quelqu'un de l'extérieur. Je repars avec un peu d'espoir dans le cœur.

La fin de ce premier après-midi à Guantanamo, je la passe dans ma cage, peinard. Je discute un peu avec mon voisin d'en face, le Français. Je profite tout simplement de l'instant. Il fait tellement bon, dans cet endroit, que j'en oublie tout ce qui m'entoure. Je m'endors.

Le lendemain, j'entame avec la même sérénité ma deuxième journée de villégiature cubaine. Après une matinée sans histoire, je suis convoqué en salle d'interrogatoire vers le milieu de l'après-midi. Je me retrouve devant deux types. Deux nouvelles têtes. Si l'interrogateur est toujours américain et militaire, cette fois, le traducteur est un Égyptien parfaitement francophone. Il parle sans la moindre pointe d'accent.

La séance commence dans une certaine confusion. Le traducteur estime en effet que les questions de l'interrogateur sont sans intérêt, voire stupides. Ce en quoi, je dois l'avouer, il n'a pas totalement tort. Il se met donc progressivement à poser lui-même les questions. Du coup, je ne sais plus qui fait quoi, dans cette affaire.

L'Américain, un peu dépassé sur le moment, ne comprend pas non plus. Puis il finit par reprendre la main en s'intéressant au type que j'ai rencontré à Londres. Il bloque là-dessus, comme l'avait fait Franck, mon interrogateur de Kandahar. Il veut absolument que je retrouve le numéro de téléphone de ce gars. Mais je ne l'ai plus. Je l'ai déjà dit. Je l'avais noté sur un papier, dans la pochette contenant mon passeport et mon billet d'avion. Celle-là même qui m'a été « confisquée » par un policier pakistanais. L'interrogateur me demande alors d'essayer de me souvenir d'un détail, n'importe lequel. Les deux derniers chiffres du numéro, l'adresse de la cabine téléphonique d'où j'avais appelé, l'heure de mon appel. Cela suffirait, pense-t-il, pour que les services britanniques remontent jusqu'à mon contact. Sauf que je suis bien incapable de me souvenir de quoi que ce soit.

Après quelques heures de ce régime, le militaire un peu dépité met fin à l'entretien. Il a compris qu'il ne pourra rien tirer de plus sur l'épisode londonien. Mais avant de me renvoyer dans ma cage, il me prévient. « Des gens des services de renseignements français vont venir te voir, la prochaine fois. »

Cette annonce me redonne la pêche. Si les Français viennent, c'est que les choses bougent. Je vais peut-être pouvoir enfin me faire entendre, et sortir de cet endroit. Dans les jours qui suivent, j'attends avec impatience l'arrivée des soldats devant ma cellule. J'ai presque hâte de me retrouver de nouveau enchaîné et aveuglé, pour pouvoir aller à l'interrogatoire devant des policiers français. Mais le temps passe, et rien ne vient.

En revanche, ça bouge pas mal dans le camp dont j'ai enfin appris le nom de code : « X-Ray ». Rayon X. Le vent de la révolte souffle depuis que les Américains ont sorti un type de sa cage pour l'emmener à l'interrogatoire alors qu'il était en train de faire sa prière. Le mot d'ordre circule à toute vitesse d'un bloc à l'autre. « Grève de la faim. » Moi, je suis évidemment solidaire. Mais je suis toujours très affaibli, depuis mon séjour à Kandahar. Alors, je fais une grève « partielle ». Je continue à m'alimenter un peu, discrètement. Les autres, c'est du sérieux.

Les rations militaires qui tiennent lieu de petit déjeuner, chaque matin, repartent intactes. Même chose pour les plateaux repas du midi et du soir, en fait une assiette de plastique contenant le plat du jour servi tiède. Malaise. Dans la soirée, le commandant du camp, un général, vient en personne pour demander ce qui se passe. Un détenu saoudien qui vit en Grande-Bretagne et qui a longtemps vécu aux États-Unis sert de porte-parole. Comme il occupe une cellule située dans mon bloc, pas très loin de moi, je suis les négociations en direct. Le général est assis par terre, en face de la cage. De l'autre côté du grillage, le Saoudien dénonce avec véhémence le manque de respect dont les soldats font preuve vis-à-vis du culte. Mais il entend bien profiter de la situation. Le simple fait que le général se soit déplacé si vite et en personne prouve que le mouvement a un impact beaucoup plus important que nous ne pouvions imaginer. En habile négociateur, le Saoudien ajoute donc de son propre chef toute une série de revendications sur la qualité de la nourriture, les violences quotidiennes, les fers aux pieds qui blessent les chevilles.

Le général écoute, remue la tête de temps en temps. Puis il prend la parole. Il promet des changements. Des ordres seront donnés pour faire respecter la pratique religieuse. Les fers seront mis sur le pantalon, et non plus directement sur la peau. Les fouilles, systématiques à chaque fois que l'on est extrait de la cage, seront moins fréquentes. Les violences inutiles seront bannies. La qualité de la nourriture sera améliorée. Mais en échange, il demande que la grève cesse immédiatement. Après ce début de négociation, les conciliabules vont bon train dans le camp. Le Saoudien propose de rester sur une ligne dure et de ne pas céder tant que les Américains n'auront pas tenu leurs promesses. Le mot d'ordre de grève est maintenu pour trois jours.

Chez les Américains, on sent monter l'inquiétude. Les infirmiers sont sur le qui-vive, des aides-soignants sont arrivés en renfort afin de traiter d'éventuels malaises. Toute l'organisation du camp est bouleversée. En parallèle, les changements promis semblent au rendez-vous. Plus aucun soldat n'ose entrer dans une cellule à l'heure des prières. Quelques détenus extraits pour les interrogatoires ont constaté que les fers étaient bel et bien passés sur le pantalon et n'occasionnaient plus de blessures aux jambes.

Au bout des trois jours, les trois quarts des détenus estiment que l'objectif a été atteint et décident de recommencer à s'alimenter. Seul, un noyau dur d'une vingtaine de détenus rassemblé autour du Saoudien persiste dans la grève. Ils demandent maintenant l'application des conventions de Genève. Devant leur intransigeance, le général a, paraît-il, jeté sa belle casquette étoilée sur le sol.

C'est du moins ce que raconte la rumeur, car je n'ai pas pu assister à cette scène. Je ne suis plus dans le même bloc. J'ai perdu le contact avec le leader de la contestation. En revanche, j'ai retrouvé Mourad, enfermé dans une cellule pas trop éloignée de la mienne. On peut enfin échanger des nouvelles. Ce n'est pas toujours facile. Le bavardage général crée une sorte de fond sonore qui nous empêche de nous entendre. Nous devons parfois demander aux autres détenus un instant de silence pour que nous puissions parler à notre tour.

Mourad m'apprend alors que des policiers français l'ont interrogé quelques jours plus tôt. Ils lui ont posé des questions sur lui, sur son frère. Je sens que mon moral vacille. Lors de mon dernier interrogatoire, qui remonte maintenant à des semaines, l'Américain m'avait promis la visite des services français. Ils sont donc bel et bien venus. Mais pas pour moi. Si ça se trouve, ils ne reviendront pas. Mes espoirs de sortie commencent à se fissurer.

Mais je ne veux pas sombrer dans la morosité, alors je m'intéresse à mes nouveaux voisins. Je fais ainsi la connaissance de Belkacem et de Lakhdar, deux Algériens arrêtés en Bosnie quelques semaines auparavant. Ils parlent parfaitement français. Et ils me racontent tout ce qu'ils ont vu à la télévision ces six derniers mois. Le 11-Septembre, l'offensive américaine en Afghanistan, les bombardements sur Tora Bora, le Pakistan. Tout ce que j'ai vécu « de l'intérieur », eux l'ont suivi sur le petit écran. C'est seulement avec leur récit que je prends conscience de la dimension mondiale de cette affaire. Surtout, ils me remontent le moral. « Tu es français. Ne t'inquiète pas. Ça va aller vite, pour vous. La France est l'alliée des Américains. »

Grâce à mes voisins francophones, le temps passe un peu plus vite. Leur parler, les écouter, cela me fait le plus grand bien. Parce que pour le reste, les autorités du camp semblent m'avoir oublié. Je ne suis plus convoqué aux interrogatoires. Je ne sors que pour la promenade hebdomadaire autorisée : dix minutes de marche dans l'allée centrale, entre deux rangées de cages, avec interdiction totale de parler. Et pour la douche, obligatoire.

Dans le camp, les irréductibles poursuivent leur grève de la faim. Ils ne sont plus qu'une poignée, à ce qu'on dit.

Deux semaines seulement après mon arrivée dans le bloc, je dois quitter Mourad et mes compagnons algériens. On m'expédie à l'autre bout du camp. Je me retrouve à côté de Slimane, un type sympa. Sa mère est finlandaise, son père algérien, lui est né au Danemark et parle quatre langues, le danois, l'arabe, l'anglais et… le français. Une aubaine. On a de longues discussions tous les deux. Cela permet de faire passer le temps et de supporter un peu mieux l'enfermement. Surtout que Slimane a un moral d'acier. Avant, il était disc-jockey à Copenhague, il a plaqué le monde des boîtes de nuit pour s'engager dans le djihad. C'est un combattant, un vrai. Lui, il est allé en Afghanistan pour se battre. Arrêté au Pakistan, alors qu'il avait réussi à fuir, il considère simplement que le sort des armes ne lui a pas été favorable. Qu'à la guerre, il y a forcément un gagnant et un perdant. Qu'il est pour cette fois dans le camp des perdants, donc en prison. Cela ne semble pas l'affecter plus que ça.

Au fil de mes déménagements de cage en cage, je vais rencontrer beaucoup de ces combattants. Comme Slimane, ils endurent leur détention avec détermination. Ils ont été pris. Pour eux, cela fait partie du jeu. Ils ne savent pas combien de temps ils resteront derrière les barreaux. Mais ils savent déjà ce qu'ils feront à la seconde où ils seront libérés. Ils reprendront les armes. Avec eux, je prends garde à ne pas me laisser embarquer sur le terrain de la guerre sainte. Ce n'est pas très difficile. Ils partent tous du même postulat : les musulmans enfermés dans cet endroit sont des frères d'armes, tous là pour la même raison. Ils n'ont donc aucune raison de vouloir convaincre les uns ou les autres. Et puis personne dans le camp ne s'occupe de ce que l'autre a fait ou n'a pas fait.

Si les combattants constituent la grande majorité des détenus, je rencontre aussi quelques égarés. Des gens dénoncés comme taliban par leurs voisins, uniquement pour toucher la prime, et que les Américains ont « achetés » les yeux fermés, persuadés de faire main basse sur d'authentiques terroristes. Comme ce pauvre Saïd, qui était chauffeur de taxi à Kaboul et qui ne sait même pas ce qu'il fait là, à quinze mille kilomètres de chez lui. Ou le vieux Faiz, un autre Afghan, qui dit avoir plus de cent ans. Il vivait dans un village reculé, mais était si pauvre qu'il n'avait pas de maison. Alors, il dormait dans la mosquée. Quand les Américains ont investi le village, après avoir essuyé des tirs venus de la montagne au-dessus, ils l'ont trouvé, lui, dans la mosquée, et ils l'ont pris pour le cheik. Alors ils l'ont arrêté, et le voilà. Il est d'ailleurs le seul à vouloir rester. Les Américains se sont en effet rendu compte assez vite de leur boulette et lui ont dit qu'ils allaient le rapatrier. Lui ne veut surtout pas. Là-bas, il n'a rien, ni biens, ni famille, ni amis. Ici, il a chaud et il mange à sa faim. Il ne veut rien d'autre. Son histoire m'a bien fait rire.

Slimane le Danois entretient mes espoirs de libération rapide. Il me raconte en effet que les autorités de son pays sont venues le voir il y a quelques jours. Il a répondu à tout un tas de questions, et d'après lui notre détention, en tout cas celle des détenus européens, ne devrait pas durer longtemps. Je bois ses paroles, rongé d'impatience dans l'attente de cette délégation française qui viendra me secourir.

Il ne faut pas s'imaginer pour autant que la vie quotidienne à Guantanamo ressemble à celle d'un camp de vacances. Malgré les promesses du général, les brimades sont monnaie courante. Pas un jour ne passe sans que des incidents éclatent entre détenus et gardiens. Il y a des bagarres terribles. Lorsqu'un détenu, pour une raison ou une autre, refuse de sortir de sa cage, les Américains font entrer les chiens. D'autres fois, pour venir à bout d'un récalcitrant, ils arrivent à cinq géants, en tenue de combat. Casqués, vêtus de gilets pare-balles, équipés de genouillères noires et de boucliers, ils commencent par asperger le détenu de gaz lacrymogène à travers le grillage. Puis ils ouvrent la porte, se jettent sur le type en le coinçant avec un bouclier contre la paroi. Après, c'est la dérouillée générale. Le gars est frappé, mis à terre, ligoté et traîné dehors. Le tout sous les cris et les hurlements des autres détenus.

Ce genre d'exaction donne évidemment lieu à des mesures de rétorsion. Des vengeances à la hauteur de nos moyens. Il y a le crachat, le lancer de seau d'eau, les jets d'urine et les tirs d'excréments au passage des gardiens. Terribles, mais pas sans risques pour les compagnons de cellule qui font face au tireur. Les erreurs de trajectoire ont des conséquences assez déplaisantes.

Plus pacifique, mais très pénalisant, les confettis. On récupère les assiettes et les gobelets de plastique des plateaux repas, on les découpe en mille morceaux et, quelques minutes avant la relève, on répand le tout dans l'allée centrale. Quand on veut vraiment être plus vaches encore, on enduit les débris avec de la pâte dentifrice, de façon qu'ils collent au sol. Pour les gardiens, c'est la corvée assurée. Leur service est terminé, mais ils n'ont pas le droit de laisser les lieux dans cet état. C'est le règlement. Alors ils sont obligés de faire des heures sup et de tout nettoyer, sous nos quolibets.

9

Police française

C'est dans cette ambiance bizarre, mélange de tension permanente avec les gardiens et de camaraderie tranquille avec mes compagnons, qu'enfin elle arrive. La délégation française est là. Je le comprends immédiatement en voyant les deux GI se planter devant ma cage. « Three two five, reservation. » « Reservation », c'est le mot clé pour la convocation aux interrogatoires. Je découvre au passage que les choses se sont améliorées depuis ma dernière sortie. Les formalités se réduisent désormais à une fouille rapide et à la pose de menottes aux poignets. Pas de fers aux pieds, pas de lunettes ou de cagoule pour couvrir les yeux. Autre nouveauté, on ne traverse plus le camp à pied, mais à bord de voiturettes électriques, comme celles qu'on trouve sur les golfs.

Le décor de la salle d'interrogatoire, en revanche, n'a pas changé. Je suis attaché sur la chaise, face au bureau, le soldat au fusil à pompe dans mon dos. La porte s'ouvre. Trois militaires américains entrent, suivis de quatre civils.

– Bonjour. Alors, ça fait du bien de revoir des Français ?

En guise de présentation, je n'ai droit qu'à cette petite phrase lancée sur un ton un peu ironique. Je ne sais ni qui ils sont, ni à quel service ils appartiennent.

Ils s'installent. L'un des quatre pose son ordinateur portable sur le bureau et l'allume. Un autre place une petite caméra vidéo sur un trépied. Les Américains y vont aussi de leur petite participation, en posant un magnétophone sur la table. Puis les rôles se répartissent. Deux de mes visiteurs s'assoient en face de moi. Eux, ce sont les interrogateurs. Ils vont mener le bal. Alors ils se mettent à l'aise. Ils tombent la veste, sortent un paquet de Marlboro light. Celui à l'ordinateur va tout taper sur son clavier. Enfin, le dernier se place derrière moi et observe.

Celui qui semble être le chef s'adresse d'abord aux trois militaires. « Messieurs, est-ce qu'on peut lui enlever les menottes ? » Aussitôt dit, aussitôt fait. Me voilà libre de mes mouvements.

« Bon, on est venus vérifier ton identité et te poser quelques questions. » Nom, prénom, la routine d'état civil est vite expédiée. Ils savent déjà tout ça, je sens bien que les deux types sont pressés de passer à autre chose. Le signal, c'est la clope. J'ai à peine fini de réciter les prénoms de toute la famille que les deux se jettent sur leur paquet de cigarettes. Le briquet qui change de main, quelques bouffées de fumée bleue expédiée vers le plafond. Cette fois, c'est parti pour de bon. T'es parti de là ? T'as fait ça ? T'as rencontré untel ? T'es passé par ici ? T'étais avec machin ? Ça va à toute allure. Ils connaissent mon histoire par cœur. Et pour cause. J'ai déjà tout dit aux interrogateurs américains. Je tente de le leur faire remarquer. Ils n'apprécient pas. « T'es français, tu parles aux Français. Ce que tu as dit aux Américains, nous, on n'en a rien à foutre. »

C'est reparti pour un tour. Ils font les questions et les réponses. J'essaie de suivre. Je regarde celui de droite qui me parle, je l'écoute, je hoche la tête en signe d'acquiescement. Je n'ai pas encore fini mon geste que celui de gauche prend la parole. À droite, à gauche, encore à droite. Un vrai match de tennis. Je n'arrête pas de tourner la tête vers l'un, vers l'autre. Je dis oui à droite, oui à gauche. Ils mettent la pression, se coupent la parole, tirent nerveusement sur leurs cigarettes. La pièce est tout enfumée.

De temps en temps, ils marquent une pause dans les questions et se lancent dans des petits bouts d'explication. J'écoute attentivement. De toute évidence, ces gars-là connaissent leur sujet sur le bout des doigts, à l'inverse des Américains, uniquement obsédés par Al-Qaïda. Du coup, je commence à comprendre certaines choses. Le groupe des Algériens, par exemple. J'avais noté que ces gens étaient quand même très bien organisés, avec le correspondant à Londres et les relais au Pakistan comme en Afghanistan. Pour moi, un réseau d'aide aux voyageurs. Pas vraiment. Mes interlocuteurs me décrivent un groupe terroriste, très structuré. Des gens impliqués dans des braquages en France afin de financer leurs activités illégales et qui préparaient des attentats sur le sol français. Là, je me dis : c'est un peu plus compliqué que ce que je croyais.

Ils me parlent aussi beaucoup du frère de Mourad, dont la rencontre à la mosquée de Lyon est à l'origine de mon départ. Cela fait longtemps qu'ils s'intéressent à lui, qu'ils le surveillent. Ils savent tout sur lui, et visiblement ce n'est pas un rigolo. Ce que je ne comprends pas, du coup, c'est pourquoi la police française qui le surveille jour et nuit n'est pas intervenue plus tôt. Pourquoi l'ont-ils laissé m'embarquer dans une affaire qui me dépasse de très loin ? Il faut vraiment que je m'explique comme il faut. J'en suis convaincu. Seulement, j'aimerais bien le faire ailleurs. En France. C'est ce que j'essaie de dire à mes interlocuteurs.

L'un des deux fumeurs me répond très sèchement. « Ici, tu es chez les Américains. Tu n'es rien. Tu n'existes pas. Tu n'es qu'un numéro. Ta seule solution, c'est nous. Alors, si tu veux avoir une chance de t'en sortir, tu fais ce qu'on te dit. »

À partir de ce moment, les duettistes changent de ton. « Si tu ne reconnais pas que tu as rencontré Ben Laden, on va s'énerver. » Je suis déstabilisé. Pour moi, c'est évident, ces types sont ma seule porte de sortie. Mais je ne peux pas aller là où ils veulent m'emmener, avec leurs questions. On est dans une impasse.

Pour essayer d'avancer, les deux interrogateurs soufflent alternativement le chaud et le froid. Ils me distillent des nouvelles de la famille. « Ton frère a créé une association. » Je suis bouleversé en apprenant ça. Puis ils reviennent à leurs interrogations. « Tu t'es entraîné aux explosifs ? » À nouveau, un mot sur ce qui se passe en France. « Ça se bat pour toi à Vénissieux. »

Pour la première fois, je pleure au cours d'un interrogatoire. L'émotion me submerge en apprenant que ma famille s'est lancée dans des démarches. Qu'on ne m'oublie pas.

Ce qui s'est passé depuis mon départ, je ne l'apprendrai que bien plus tard. À la maison, passé l'été, l'inquiétude avait fini par gagner les uns et les autres. Mes parents espéraient que mes frères auraient des nouvelles. Les frangins en attendaient des parents. Tout le monde guettait le courrier, sursautait en entendant le téléphone sonner. Et puis rien. L'ambiance s'était progressivement tendue. Le silence s'était installé. Ma disparition était devenue un sujet tabou.

Vers la mi-novembre, mon frère Aymane, mon cadet de deux ans, s'était accroché avec le paternel à mon sujet. Le ton était monté très vite. Aymane, sur les nerfs, avait fini par lâcher : « Oubliez votre fils. Il est mort. » Pour lui, l'affaire était entendue. Si je n'avais pas donné de nouvelles depuis tant de mois, chose que je n'avais jamais faite auparavant, c'est qu'il m'était arrivé quelque chose de grave. Un accident sur la route des vacances, un drame passé inaperçu, un corps que l'on ne retrouve jamais. Cela n'arrive pas que dans les films. Ma mère avait beaucoup pleuré, le soir, lorsque tout son petit monde dormait. Les frangins avaient entendu plus d'une fois ses sanglots, du fond de la cuisine, et mon nom murmuré.

L'espoir n'est revenu que longtemps après. Le mardi 8 janvier 2002, pour être précis, lorsque des journalistes du *Progrès de Lyon* ont appelé chez mes cousins. Ils cherchaient la famille de Nizar Sassi. Les cousins avaient aussitôt prévenu mes parents.

Aymane était tout de suite descendu au pied de notre immeuble, à la rencontre des journalistes. Il leur avait demandé ce qui se passait. « La CIA a publié une liste de noms. Celui de votre frère est dessus. » Pauvre Aymane. Il ne s'attendait pas à pareille nouvelle. Il avait vu tout rouge, avait bousculé les journalistes en leur disant de partir, puis il était remonté. Incapable de dire à mes parents ce qu'il venait d'apprendre, il avait raconté une histoire, comme quoi les journalistes ne savaient pas ce qu'ils cherchaient. Que c'était encore des conneries de la presse, et puis c'est tout.

Aymane avait ensuite appelé Fredj, notre grand frère, à la rescousse. Les deux frangins s'étaient retrouvés sur le parking des Minguettes, des questions plein la tête. Que faire ? Que dire aux parents ? Pendant ce temps-là, un cousin débarquait dans l'appartement avec la dernière édition du *Monde* dans les mains. Il y avait un petit article. Quelques lignes dans lesquelles figurait mon nom. Trop tard pour faire semblant de rien. Alors, Aymane leur avait dit : « Le nom de Nizar figure sur une liste de la CIA. Il est détenu à Kandahar. »

Le lendemain, ma photo s'étalait sur toutes les télés, aux informations. Pour Aymane, c'était si incompréhensible qu'il s'arc-boutait sur la seule explication plausible à ses yeux. Il m'était arrivé un grave problème. Quelqu'un d'autre avait récupéré mes papiers d'identité et s'était fait passer pour moi.

Deux semaines plus tard, le petit frère se rendait à l'évidence. La famille recevait mon premier courrier, expédié sous l'égide de la Croix-Rouge. Une demi-feuille de papier sur laquelle j'avais griffonné quelques mots, pour leur dire que j'étais vivant et que j'allais bien.

Entre-temps, une sorte de tsunami médiatique avait déferlé. J'étais devenu le « taliban de Vénissieux », « l'enfant de Ben Laden », j'en passe et des bien pires. Face à la vague, Aymane avait décidé de faire front. Il avait vite compris qu'il valait mieux parler aux journalistes plutôt que de les envoyer promener. Alors il avait saisi tous les micros qui se tendaient, pour dire et répéter que je n'étais pas celui qu'on décrivait. Qu'on peut faire faire beaucoup de choses aux gens, mais qu'il y a des limites à tout. Et que jamais personne n'avait pu me transformer en combattant islamiste.

Puis il y avait eu l'association. Une idée de deux « grands », deux anciens acteurs sociaux du quartier, qui avaient en leur temps participé à la marche des beurs. Après une première réunion dans un restaurant des Minguettes, en petit comité, avec ma famille et celle de Mourad, ils avaient obtenu des locaux de la municipalité. Une grande salle pour les réunions publiques et une autre, plus petite, pour pouvoir travailler sérieusement. C'est là qu'ils avaient créé le collectif de soutien aux familles. Entre-temps, mes parents avaient été reçus par le député-maire de Vénissieux, André Gérin. C'est lui qui leur avait conseillé Jacques Debray, l'avocat lyonnais, pour ma défense. Jacques avait tout de suite accepté, en suggérant d'associer aussi William Bourdon, du barreau de Paris, en raison de la dimension internationale que l'affaire allait forcément prendre. Ils ne seraient pas trop de deux. Jacques Debray et William Bourdon avaient offert leur concours sans rien demander.

Du fond de ma geôle, j'étais loin de m'imaginer toute cette passion qui s'emparait de mon quartier, de ma ville. Ces réunions dans des salles bondées au cours desquelles tout le monde parlait en même temps, ce mélange d'émotion, de tristesse et d'espoir qui animait les gens du collectif. Le sang chaud de quelques jeunes bien décidés à tout brûler pour dénoncer l'injustice.

L'interrogatoire avec les Français dure maintenant depuis plus de quatre heures. Je suis épuisé, à la fois par le harcèlement des questions et par les émotions qui m'ont secoué. C'est trop d'un seul coup. Bon prince, l'un des deux questionneurs siffle la mi-temps. « Allez, c'est bon, va déjeuner. On se revoit après. »

Ramené en cellule, je mange un peu pour essayer de reprendre quelques forces. Mes codétenus, me voyant dans cet état, se posent des questions. Ils me demandent comment ça s'est passé. Je leur raconte. Surtout, je leur dis que cette délégation que j'attendais avec tellement d'impatience n'est pas venue pour me sortir de là. Ces types sont venus pour aider les Américains, c'est tout.

Les soldats reviennent, fin de la pause. Retour en salle d'interrogatoire.

– Bon, tu as bien réfléchi ? Est-ce qu'il y a des choses que tu as oublié de nous dire ? Tiens, par exemple, Ben Laden, tu l'as rencontré, hein ?

Ça recommence. À mon tour de m'énerver.

– Arrêtez de dire n'importe quoi, si je l'avais rencontré, je l'aurais dit. On s'est croisés, je ne l'ai pas vu.

– OK, OK, c'est pas grave. Alors, tu voulais apprendre à manier les explosifs ?

– C'est quoi, ce truc, encore ?

– Les gars que tu as rencontrés là-bas faisaient tous ça. On sait que tu devais le faire, mais que tu n'as pas pu.

– Vous dites n'importe quoi. Vous rentrez dans ma tête, maintenant, pour savoir ce que je devais faire ?

– Tout le monde fait ça.

– Je ne suis pas tout le monde. Je suis parti pour les armes. C'est tout.

Toujours cette histoire à laquelle personne ne veut croire. L'histoire du type qui va au fin fond de l'Afghanistan juste pour faire du tir. Les Américains comme les Français, ils rigolent. C'est pourtant ça, la vérité. Mais pas moyen de les convaincre. On va passer encore un long moment sur ce point de blocage. Jusqu'au moment où l'un des deux questionneurs met fin à la séance. « Allez, c'est bon. On va faire un rapport favorable pour les Américains. On va leur dire que tu as coopéré avec nous et que tu nous as tout dit. » Ils ramassent leurs affaires, remballent leur matériel. Ils ne vont quand même pas me laisser comme ça ? Je les interpelle un peu vivement.

– Hé là, qu'est-ce qui se passe, maintenant ? Vous êtes venus pour quoi ?

– Allez, on se calme. Nous, on n'est pas la mission consulaire. On a fait ce qu'on devait faire. Pour le reste, ton sort ne dépend que des Américains.

– Mais au début, vous m'avez dit que vous étiez la seule porte de sortie…

– Ah, on t'a dit ça ? On ne peut rien faire.

J'ai le moral à zéro en quittant la salle. Au moment où les soldats s'apprêtent à me faire sortir, l'un des Français m'interpelle une dernière fois.

– Nizar !

Je me retourne, le regarde.

– Garde la pêche. Un jour, tu reverras la France.

Cette petite phrase m'achève. D'un seul coup, je comprends que je ne suis pas là pour des jours ou des semaines, mais pour des années. Je suis anéanti. Je m'effondre dans ma cellule. Ils ont tué l'espoir. Je suis psychologiquement mort.

Les deux semaines qui suivent, je les passe recroquevillé sur mon matelas, complètement K-O. Les paroles de réconfort des autres détenus ne me font aucun effet. Plus rien ne m'intéresse. Les échauffourées avec les gardiens, les cris, les insultes, tout ce qui fait le quotidien de cet endroit, je m'en fous. Je vais pourrir là. C'est tout.

10

Prisonnier 325, camp Delta

Un matin d'avril 2002, c'est le branle-bas de combat. On déménage. On s'en va. X-Ray, c'est fini. La nouvelle est si étrange que, du coup, je sors de ma léthargie. Finalement, toutes ces rumeurs qui couraient sur la construction d'un nouveau camp, c'était donc vrai ? Comme beaucoup d'autres, je ne voulais pas y croire. Un nouveau camp, cela voulait dire une installation pour durer. Une installation pour nous garder longtemps.

Le transfert n'est pas une partie de plaisir. Le nouveau camp, baptisé « camp Delta », est assez loin de l'ancien. On nous fait monter dans des bus. Là, on nous remet les cagoules sur la tête. Au passage, on se prend quelques coups, comme d'habitude, le temps pour le bus de faire les quelques kilomètres qui nous séparent de notre nouvelle résidence. Quand je recouvre la vue, je suis au camp Delta. Je regarde. Et je soupire.

Pour un peu, j'en regretterais ma cage d'avant. On était à l'étroit, mais au moins on était au grand air. On avait vue sur la colline, le bruit des arbres, le vent. Le toit de plastique, au-dessus des groupes de cages, nous avait protégés des trois ou quatre averses tombées depuis mon arrivée. Bon, certains jours, quand le soleil cognait vraiment, il faisait très chaud. Cela restait cependant très supportable. On respirait. En plus, on arrivait même à se parler d'un bloc à l'autre.

Cette fois, terminé. Nos nouvelles cellules ressemblent toujours à des cages, elles sont toujours aussi petites, un mètre quatre-vingt sur deux. Mais maintenant, elles sont installées dans des containers métalliques. La fabrication se fait directement sur place. Ce sont des entreprises civiles sous-traitantes de l'armée américaine qui s'en chargent. Sur chaque grand container, les ouvriers découpent les deux petits côtés et les remplacent par une solide grille. La face avant est également enlevée. Puis ils soudent deux cloisons grillagées de façon à diviser l'intérieur du container en trois volumes égaux. Enfin, ils posent la nouvelle façade, faite d'une grande grille équipée de trois petites portes pour accéder à chaque cellule. La touche finale consiste à découper trois minuscules fenêtres (dotées d'une grille, bien entendu) dans la façade arrière du container, de façon que chaque cage ait la sienne.

Les containers transformés en cages sont ensuite disposés de façon à former des « blocs » de quarante-huit cellules. Les Américains disposent seize containers sur deux lignes parallèles, huit d'un côté, huit de l'autre, les façades grillagées en vis-à-vis. Entre les deux lignes, l'espace d'environ deux mètres fait office de couloir central surmonté d'un toit métallique soudé.

Pour distinguer les blocs, les Américains utilisent des lettres. Il y a ainsi les blocs Alpha (A), Bravo (B), Charlie (C), Lima (L), Kilo (K), etc.

Ma nouvelle cellule se trouve dans le bloc « Charlie ». Désormais, on a droit à un vrai lit, des toilettes à la turque dans un coin et un petit robinet d'eau courante au-dessus d'un lavabo miniature en inox. Le confort moderne, version Guantanamo. N'empêche. En entrant dans cette cage, je prends un coup terrible au moral. J'ai peur, d'un seul coup, de ne pas tenir. Le spectre de la folie passe devant mes yeux. Mon voisin de cellule, lui, a déjà basculé.

Lorsque je l'ai croisé, à Kandahar, il allait à peu près bien. Maintenant, il passe son temps à se déshabiller, à pisser partout et à se couvrir de ses excréments, en tenant des propos sans queue ni tête. Il ne tardera pas à être évacué vers le bloc réservé aux fous.

Je ne veux pas finir comme ça. Tous ceux qui partent chez les psys américains n'en reviennent jamais. Il paraît qu'ils font des expériences. Qu'on teste sur les prisonniers des médicaments. Je ne sais pas si c'est vrai. Tout ce que je sais, c'est que les types, lorsqu'ils refont surface, ont l'air de légumes.

Les premières semaines sont terribles. Il fait très chaud dans les containers métalliques en plein soleil. Plus de paysage, fini la sensation du vent sur le visage. Rien que ces murs peints en vert fluo et cette lumière électrique allumée vingt-quatre heures sur vingt-quatre. Du fond de nos boîtes à sardines, les journées se ressemblent toutes, interminables et monotones. Prières, repas, interrogatoires. Deux sorties de quinze minutes par semaine, une douche par semaine. Un seul livre autorisé, le Coran.

Le courrier commence à arriver. Je reçois bientôt ma première lettre. Je reconnais l'écriture de Fredj, mon frère aîné, sur l'enveloppe. C'est lui qui a tenu la plume pour toute la famille. Évidemment, la missive a été ouverte et lue par les services de la censure. Mais ils n'ont pas touché au texte. Plus tard, je récupérerai des lettres envoyées par des amis, dont il ne restera pratiquement rien, sauf le bonjour du début et le salut de la fin. Entre les deux, les censeurs auront passé au feutre noir pratiquement tous les mots. Je déplie la feuille avec émotion. Fredj me dit qu'ils vont bien, que tout le monde espère que je vais bien. Il me raconte aussi qu'ils se démènent pour me faire libérer et qu'il faut que je tienne le coup. Tenir. C'est ça, le problème.

Tous les matins, je me lève avec l'angoisse de la journée qui s'annonce. Chaque soir, je me couche en me disant : encore un jour de gagné. Entre les deux, je livre un combat inégal, seul contre la folie de cet enfermement. La lettre de Fredj m'a fait un bien énorme, et beaucoup de mal en même temps. Car elle m'a replongé dans mes souvenirs, au milieu des images de ma mère, de mon père, de mes frères et de mes sœurs. Je ne cesse de penser à des moments de ma vie passée. À tout ce que j'aurais dû faire ou ne pas faire. Je revois chaque seconde de mon existence depuis mon premier souvenir, me repassant dix fois, cent fois le film, me demandant pourquoi, à tel moment, j'ai fait ceci ou cela. Des milliers de petits regrets pour tout ce que je n'ai pas fait, que je n'aurai peut-être plus jamais l'occasion de faire. Je n'en peux plus. Je suis obligé de me battre contre moi-même pour ne plus penser. Je dois absolument arrêter cette machine infernale, ce cinéma permanent qui me ruine. Sinon, je sens que je vais devenir fou.

La seule façon d'y parvenir, c'est de rompre cette solitude, véritable prison dans la prison. Je dois absolument parler aux autres. Leur parler de tout, de rien, mais leur parler avant de perdre la raison. Leur parler, pour ne plus penser.

Seulement voilà. Au bloc Charlie, je suis au milieu de détenus originaires du Moyen-Orient. Pas d'Algériens ni de Français en vue. Rien que des Saoudiens et des Yéménites, qui ne parlent que l'arabe. Je suis un sourd-muet dans un groupe de bavards. Comment faire ? Je ne vois qu'une solution. Apprendre la langue. Il en va tout simplement de ma survie.

Alors, avec pour seule méthode ma volonté, pour unique matériel ma mémoire, je me lance. Chaque fois que j'attrape un nouveau mot, je me le répète jusqu'à ce qu'il se grave dans mon cerveau. Et j'essaie d'en attraper un autre. Par chance, j'ai quelque facilité pour la prononciation, grâce aux quelques mots de tunisien qu'on utilisait à la maison. Mes voisins ont compris ce que je fais, et ils m'aident de leur mieux. Ils me disent un mot, me font comprendre par des gestes ce qu'il veut dire, me le font répéter. Je m'acharne.

Après quatre mois de ce régime, je suis capable de tenir une vraie conversation. J'ai réussi mon pari. Même les Américains n'en reviennent pas. Ils feront venir un professeur d'arabe pour me tester et vérifier que j'ai bien appris tout seul, dans ma cellule.

Surtout, j'ai tenu à distance le spectre de la dépression et de la folie. Je peux désormais m'évader à tout moment de cet endroit, rien que par la parole. Les Américains me facilitent la tâche. Ils font tout pour que des liens n'aient pas le temps de se tisser entre voisins de cellule. Alors ils organisent des mouvements permanents entre les sept blocs qui composent le camp Delta. Tous les mois, on tourne. Une aubaine pour moi. Au gré des transferts, je vais « rencontrer » des gens de tous les pays. Ibrahim vient des Maldives. David est australien. Des Anglais, des Jordaniens, des Yéménites, des Pakistanais, et tant d'autres encore. Ils me racontent leurs pays, leurs vies d'avant. Grâce à eux, mes journées ne sont plus les mêmes.

Le déménagement dans le camp Delta n'a pas interrompu les interrogatoires. Seule la salle affectée à cet exercice a changé. Fini le préfabriqué minable de X-Ray. À Delta, les locaux sont nickel, air conditionné et matériel vidéo pour l'enregistrement des témoignages. Il y a même des glaces sans tain pour permettre à des observateurs de suivre les séances sans être vus.

Après le passage des Français, j'ai été pris en main par deux interrogateurs du FBI. Il y a un grand balèze, ancien militaire, le cheveu ras et les muscles saillants sous le tee-shirt. Sans doute un adepte de la musculation. L'autre, c'est le psychologue. Il se tient toujours un peu en retrait, les mains croisées, et ne me quitte jamais des yeux. Il guette mes réactions. Parfois, il intervient pour me demander une précision, justifier un mot dans ma réponse.

Ces deux-là ont mis au point une histoire toute ficelée, et ont pour seul objectif de me la faire avaler. Pour eux, je suis parti en Afghanistan pour m'entraîner parce que je devais ensuite commettre un attentat quelque part. Ils ont beau insister, je ne marche pas.

Je sais pourtant ce que je risque. Dans le camp Delta, les interrogateurs ont la haute main sur la vie quotidienne des détenus. Celui qui répond comme il faut est bien traité. Celui qui se montre hostile est puni.

Depuis le temps que je les pratique, je commence à les connaître, ces interrogateurs américains. La seule chose qui les fâche vraiment, c'est le silence. Un détenu qui refuse de répondre est systématiquement remis aux spécialistes de la torture psychologique. On l'enferme dans une pièce pendant une semaine avec de la musique à fond pour l'empêcher de dormir, on le laisse dans une salle pendant des heures avec un climatiseur bloqué sur le froid maximum.

La seule manière d'éviter ces désagréments, c'est de leur parler. Ils adorent. Peu importe l'intérêt de la réponse, d'ailleurs. Ils peuvent poser cent fois la même question. Je leur donne cent fois la même réponse. Et ils sont contents.

Par exemple, mes deux gars du FBI m'ont apporté d'énormes albums remplis de photos.

– Celui-là, tu le connais ?
– Oui, je le connais. C'est mon voisin de cellule.
– Celui-là, tu le connais ?
– Oui, je le connais. Il est dans le bloc d'à côté.
– Lui, tu l'as déjà vu ?
– Oui, je l'ai déjà vu. Dans le bloc B.

Et ainsi de suite. Ça, pour les Américains, cela s'appelle coopérer. Et à partir de ce moment, ils te rendent la vie moins pénible. Ce sont les interrogateurs qui décident si oui ou non on peut recevoir des soins. Ce sont eux qui donnent de la lecture. Ce sont encore eux qui remettent le courrier.

Du courrier, justement, je commence à en recevoir pas mal. De ma famille, bien sûr, mais aussi de mes amis très proches, qui me soutiennent beaucoup. Je sais que les Français qui sont venus m'interroger n'ont pas menti. Ça bouge vraiment aux Minguettes. On me raconte la création du collectif, les avocats qui se mobilisent, la presse qui réagit. Les visiteurs de la Croix-Rouge, qui continuent de passer régulièrement, me tiennent aussi au courant.

Pour moi, répondre à ces lettres, c'est renouer le dialogue, même à distance, avec ceux que j'aime. Je le fais avec beaucoup de plaisir. J'en profite pour essayer de raconter un peu ce qui se passe au camp Delta, malgré la censure. Un jour, j'ai écrit à Fredj : « Ici, on n'a pas le droit d'avoir de droit. » Quelques semaines après, les types de la censure sont venus me voir pour me menacer de bloquer tout mon courrier. « Maintenant, tu vas écrire clair, sinon, terminé. » J'ai compris après ce qui s'était passé. Les traducteurs n'avaient pas réussi à lire mes pattes de mouche, ils n'avaient pas compris ce que je disais à mon frère. Ils avaient donc laissé passer le courrier sans le censurer. Mais en France, cette lettre, elle avait fait le tour de tous les journaux, jusqu'à remonter aux oreilles des Américains qui n'avaient pas apprécié.

Malgré quelques incidents, je ne m'en sors pas trop mal avec les interrogateurs. Je m'en tiens toujours à la même tactique. Je n'ai rien à cacher. Donc, je leur dis ce que je sais. Pour le reste, qu'ils se débrouillent. En revanche, cela ne va pas de soi pour certains de mes codétenus. C'est le cas de Mahmoud, un Syrien enfermé dans une cage pas loin de la mienne. Un matin, il part en interrogatoire. Lorsque les soldats le ramènent, il fait nuit depuis un bon moment. Il a le visage couvert de sang. Passé un premier moment de stupéfaction, on le presse de questions, on lui demande s'il a été battu, pourquoi, comment. Il nous raconte.

Mahmoud refuse absolument de parler aux interrogateurs. Malgré les brimades et les privations, il ne desserre pas les dents. Les militaires ont beau tout essayer, il ne lâche rien. Alors ils lui ont envoyé une femme dans l'équipe des interrogateurs. Elle a d'abord essayé de l'amadouer, puis de le charmer. Sans succès. Elle a commencé à le toucher. De rage, Mahmoud lui a craché dessus. Aussitôt, les gardes sont intervenus, l'ont jeté à terre, frappé. Pendant qu'il était immobilisé au sol, la soldate s'est approchée. Elle a glissé la main dans son pantalon à elle, puis elle l'a ressortie et elle l'a passée sur le visage de Mahmoud. Ainsi, ces traces sur sa figure, c'était le sang menstruel de l'Américaine.

Le récit de Mahmoud a provoqué un immense dégoût et une profonde colère. Il n'est que le reflet de la stricte réalité. Pour parvenir à leurs fins et pouvoir extorquer la moindre bribe d'information, les Américains sont prêts à tout. Même à utiliser les femmes, surtout face aux gars du Moyen-Orient, absolument pas habitués à leur présence. L'un de mes voisins de cellule m'a dit un jour que les seules femmes qu'il avait vues dans sa vie, c'était sa mère et sa sœur. Et encore, derrière un voile. Alors, imaginez leur réaction quand on les mettait en face de créatures volontairement habillées de manière provocante.

Dans le camp Delta, les choses changent aussi avec les gardiens. Le régiment qui assurait la garde à X-Ray est parti. Bon débarras. Ceux-là, je ne les regretterai pas. De vrais petits nazis. On sentait bien qu'ils avaient été remontés à bloc. À leurs yeux, nous étions tous de dangereux terroristes responsables de la mort de milliers d'innocents dans les attentats de New York. Leur truc, c'était de nous en faire baver. Et les femmes n'étaient pas les dernières à ce petit jeu. Souvent, elles prenaient un malin plaisir à se charger de la fouille au corps d'un détenu avant de le sortir de sa cellule. Elles savaient que, pour un musulman, se faire ainsi palper par une femme est une humiliation terrible. Les détenus les plus croyants refusaient de les regarder. Alors elles s'aspergeaient de parfum, de façon que, même les yeux baissés, les prisonniers sentent qu'elles étaient là, tout près d'eux.

Le plus choquant, c'était quand même de voir ces femmes en uniforme, dont certaines étaient assez jolies, passer devant nous en pétant et en rotant pire que des hommes.

Depuis le départ de ces soldats qui portaient le sigle 9/4 sur leur écusson, l'ambiance s'est largement améliorée. Il y a toujours des brutes et des sadiques. Mais on rencontre désormais beaucoup de braves types. Ceux-là, dès qu'on les voit entrer dans notre bloc, on a le sourire. On sait que la journée sera bonne, que tout se passera bien.

Puisque la parole est ma meilleure arme pour lutter contre l'enfermement, je m'en sers aussi avec ces nouveaux surveillants. Je discute avec eux. Mon niveau d'anglais n'est pas formidable. Je n'ai pas fait le même effort que pour l'arabe. Mais à force de les entendre, de recevoir des ordres et de répondre aux interrogateurs, je finis par me débrouiller assez pour me faire comprendre.

Assez vite, je parviens à tisser de vrais liens avec quelques soldats. Ils viennent me voir, après leur service, s'assoient devant ma cellule. Ils me racontent leur vie, je leur parle de la mienne. L'un de ces types est un grand black qui a écopé d'une amende pour s'être bagarré. Un autre soldat l'avait traité de sale nègre et il lui avait sauté dessus. L'Armée américaine a une façon bien à elle de sanctionner les écarts de ses boys. Elle ponctionne la solde. Le type qui déconne vraiment, à la fin du mois, il se retrouve avec zéro.

Ce Black très sympa n'a pas eu une vie facile. Il n'a jamais connu son père, condamné à vingt et un ans de prison avant sa naissance. Il s'est engagé pour pouvoir gagner un peu d'argent, mais le regrette. Peu à peu, on se découvre des goûts en commun pour la musique, pour le cinéma. Il y a de l'amitié des deux côtés du grillage. Mes bonnes relations avec certains gardiens facilitent la vie de tout le monde. Je sers d'intermédiaire et de traducteur à ceux de mes codétenus qui ont besoin de médicaments, de vêtements ou d'autre chose. Les gars procurent le nécessaire.

Le camp est en perpétuels travaux. On entend le bruit des engins de terrassement qui sont à l'ouvrage, et lorsqu'on sort pour la promenade ou les interrogatoires, on voit les installations qui poussent comme des champignons. Quelques mois après notre transfert dans les sept blocs de Delta, l'administration ouvre une nouvelle extension, baptisée « Delta 2 ». Cette nouvelle unité compte trois blocs classiques de quarante-huit places, et deux mitards de vingt-quatre et quarante-huit places. Puis c'est « Delta 3 » qui ouvre, avec un bloc de quarante-huit cellules, un bloc de trente-six cellules et deux blocs de vingt-quatre cellules.

D'un « Delta » à l'autre, seules les appellations changent. Tout le reste est identique. Je le vérifie par moi-même lors de mon transfert à Delta 2, au mois d'août 2002. Même cage, même bouffe, même ennui. La seule bonne surprise, c'est Mourad, qui occupe la cellule à côté de la mienne. Je suis content de le retrouver et de pouvoir bavarder avec lui. C'est comme ça qu'il me raconte la raison de ma présence à ses côtés. Je suis sa « récompense ». Lors de son dernier interrogatoire, l'Américain qui le cuisinait lui avait dit que c'était bon et qu'il allait pouvoir repartir en France dans pas longtemps. Et pour preuve de ce qu'il disait, il allait nous remettre ensemble.

Jusqu'à présent, l'administration avait soigneusement évité de nous réunir, afin de nous empêcher de communiquer. De peur, sans doute, que nous nous mettions d'accord sur les choses à dire ou à ne pas dire lors des interrogatoires. La levée de cette mesure était le signe que tout serait bientôt fini pour lui.

Les paroles de Mourad me remplissent de joie. Notre calvaire touche à sa fin. Si lui rentre bientôt à la maison, c'est que je ne vais pas tarder non plus à le suivre. On est heureux. Voilà qu'on se met à parler de nos aventures passées, de tout ce parcours incroyable bientôt à ranger au rayon des souvenirs. On pense déjà au voyage de retour, à ce que l'on va faire une fois en France.

D'autres signes nous indiquent que tout va bien. On ne vient plus me chercher pour les interrogatoires. Le courrier n'est plus bloqué : en une seule journée, on me remet neuf lettres d'un seul coup. Je n'en ai jamais reçu autant. L'espoir se transforme en quasi-certitude. On n'en a plus pour très longtemps. Tiens, ça y est. Les haut-parleurs du camp viennent de l'annoncer. Quatre personnes sortent aujourd'hui. C'est nous, c'est nous. Mon cœur bat à tout rompre, Mourad ne tient pas en place.

Quelques instants plus tard, des militaires arrivent, avec des caméras et des appareils photo. Ils avancent vers nous, s'arrêtent. Ils ouvrent la porte de la cellule en face de la mienne. Je les vois qui donnent de nouveaux habits au détenu, un Afghan. Il se change, sort de sa cage sous les projecteurs, entouré des soldats. Avec Mourad, on attend notre tour. Mais non. Le petit groupe s'éloigne et quitte le bloc. La porte se referme. J'ai la gorge qui se serre. Mourad ne dit rien. Pas besoin. On a deviné. On ne sortira pas.

Les semaines passent, nous sommes toujours derrière les grillages. À la mi-septembre, je suis rappelé en interrogatoire. Je demande ce qu'il en est des promesses faites à Mourad. « Des promesses ? Quelles promesses ? » C'était bien un mensonge, un de plus, destiné à l'atteindre moralement. Je suis également très affecté.

Mais un autre sujet d'inquiétude parcourt l'ensemble du camp. Depuis quelques jours, le vent souffle de plus en plus fort. Par les fenêtres, on voit la mer qui se lève et change de couleur. Du bleu, elle vire au noir. Les Américains eux-mêmes semblent inquiets. Des hélicoptères vont et viennent, des navires de la Navy croisent au large. Peu à peu, le camp se vide de tout le personnel américain. Il ne reste que les quelques gardiens nécessaires à la surveillance des blocs. Les gradés ont tous filé. Qu'est-ce qui se passe ? C'est Hamza, l'aumônier musulman, qui m'explique tout. L'ouragan Isidore approche. Il menace de tout balayer sur son passage.

Le capitaine Hamza est arrivé depuis peu à Guantanamo. Afro-américain et musulman, il porte sur son uniforme le petit signe distinctif de sa fonction, un croissant d'or. Il s'est vite montré proche des détenus. Et là, face au danger venu de la mer, il est le seul à se tenir à nos côtés.

C'est que le risque est bien réel. La mer est à dix mètres à peine de nos cages. En cas de vague géante ou de déferlante, nous sommes foutus. On va périr noyés comme des rats dans une nasse. Alors Hamza essaie de nous rassurer. Si la trajectoire de l'ouragan devait l'amener droit sur nous, il a été prévu de nous évacuer vers une grotte dans la colline qui surplombe la baie. « Priez pour que cela n'arrive pas, dit Hamza. Parce que, une fois dans la grotte, qui sait combien de temps vous devrez y rester. Sans eau, sans nourriture, sans rien. »

Isidore nous a épargnés. La vie du camp reprend son cours. Je parle beaucoup avec Hamza, dans un mélange d'arabe et d'anglais. Il me raconte qu'au lendemain des attentats du 11 septembre, sa femme se promenait dans les rues de New York, voilée, comme à son habitude. Et qu'un type s'était jeté sur elle pour lui arracher le voile. Cette montée de l'islamophobie en Amérique l'inquiète. Rien de bon ne peut en sortir, dit-il. Il pense d'ailleurs sérieusement à quitter le pays, pour aller s'installer en Arabie Saoudite.

Hamza est un homme sincère et passionné. Il s'est engagé dans l'armée pour être utile « à la nation américaine et à ma religion ». Ce sont ses propres mots. Alors, il fait ce qu'il pense être juste. Il essaie d'améliorer le sort de chacun d'entre nous, en apportant des petites choses. Il apporte des calottes pour ceux qui veulent absolument se couvrir la tête. Il se bat aussi pour faire cesser les provocations des soldats vis-à-vis du Coran. Depuis que je suis arrivé, en effet, des incidents très violents éclatent régulièrement. Chaque fois, c'est le même scénario. Un soldat fouille une cellule et touche le Coran, le fait tomber ou même le jette au sol. Protestations, cris, jets d'urine et d'excréments, bagarres, cela n'en finit pas.

Tout cela n'a rien de spontané ou d'accidentel. Il s'agit, d'après l'aumônier, de tests réguliers que l'armée programme pour mesurer le degré de combativité des détenus. Hamza proteste, s'insurge, réclame le respect du Livre. En vain. Il démissionnera quelque temps plus tard.

La farce de la libération de Mourad est terminée. Je suis transféré à l'autre bout du camp. Au hasard des mouvements, je croise un autre Français. Celui-là, je ne l'avais plus revu depuis l'Afghanistan. On discute un peu. Il me redonne courage. « Ne lâche pas l'affaire. T'inquiète pas. On ira à Paris tous les deux, on mangera une galette kebab. » J'aimerais bien le croire, mais je n'y arrive pas. Manger une galette kebab en déambulant dans les rues de Paris, quoi de plus ordinaire ? Ce n'est pas vraiment ce qu'on peut appeler un truc de milliardaire. Mais quand on est enfermé dans une cage de Guantanamo, c'est un rêve inaccessible.

Pour me convaincre, le Français me raconte même comment les choses vont se passer. Il connaît. Il a déjà eu maille à partir avec la justice antiterroriste en France, en 1998. Il a même écopé d'une peine de un an de prison. « On fera d'abord un petit tour chez Bruguière. » Moi, ce nom, cela ne me dit rien. L'autre m'explique.

Le juge Bruguière, c'est le numéro un des juges d'instruction du pôle antiterroriste au Palais de Justice de Paris. « On réglera tout ça avec lui, et s'il faut faire un peu de taule, on en fera. Mais après, n'oublie pas. La galette kebab. » Avec son kebab, il finit par me redonner le sourire.

11

Le tunnel

Le ramadan et les fêtes de l'aïd passent. Pour l'occasion, nos geôliers nous apportent des pâtisseries orientales. Sympa. Puis c'est une nouvelle année qui commence. 2003. Une longue suite de jours interminables. On continue de passer d'un bloc à l'autre. Mais les mouvements extérieurs se font de plus en plus rares. Plus de délégations étrangères, moins de visites de la Croix-Rouge. Même le courrier commence à se tarir. Je ne sors plus que pour les promenades et les rares interrogatoires. J'ai l'impression que tout se fige.

L'ancien aumônier musulman, Hamza, a été remplacé par un Libanais qui n'est resté que quelques semaines puis est reparti. Début février, c'est le capitaine Youssef Yee, d'origine indonésienne, qui reprend le flambeau. Mais il ne fait pratiquement rien. Il distribue quelques livres religieux imprimés en arabe, c'est à peu près tout. Lorsque des détenus se plaignent auprès de lui parce que des soldats ont encore insulté le Coran, il ne les écoute même pas. Très vite, il perd toute crédibilité aux yeux des prisonniers. Quelques mois plus tard, j'apprendrai avec surprise son arrestation pour « espionnage et sédition ». Il aurait été en possession d'une liste de prisonniers et d'une carte du camp.

En ce printemps 2003, nous sommes sans espoir ni perspective. Seule reste, pour garder le moral, la solidarité entre détenus, laquelle, heureusement, joue à plein. L'entraide est la règle. Chacun se soucie de la santé de son voisin. On se méfie beaucoup du coup de déprime qui ne prévient pas. Plusieurs détenus ont fait des tentatives de suicide. Toutes n'étaient pas bidon. Alors, on se surveille les uns les autres. Sur le plan matériel aussi, c'est le règne du partage. Quelques détenus ingénieux ont mis au point des méthodes pour faire passer de petits objets de cage en cage. Certains sont capables de faire passer un pantalon, une serviette, voire un drap au travers du grillage. C'est incroyable.

Parfois, des cages vides séparent les détenus qui voudraient échanger des petites choses. Pour ces cas-là, d'habiles bricoleurs ont mis au point un système infaillible. Ils récupèrent des morceaux de fil de drap ou de tenues, puis ils les lient ensemble de façon à fabriquer un très long brin. Ils font ensuite une boulette avec du papier toilette mouillé, dans laquelle ils coincent l'extrémité du fil. Le reste est une question d'agilité et de patience : il faut parvenir à lancer la boulette au travers des cloisons grillagées, jusqu'à la cellule occupée. Le détenu n'a plus alors qu'à attraper le fil et à tirer.

Hiver, été, à Guantanamo, impossible de faire la différence. Il fait beau tout le temps. Ce n'est que par les gardiens que je peux savoir que nous sommes au mois d'août. Je suis transféré dans un bloc où séjournent quatre Français et un Belge, Moussa. De quoi rompre un peu la monotonie. Ce regroupement ne doit rien au hasard. Il a été fait à la demande de notre nouvel interrogateur, un Américano-Libanais qui nous prend en charge tous les six à partir de ce moment. Ses paroles, le premier jour, me laissent croire que j'ai une petite chance de sortir. « Maintenant, c'est moi qui m'occupe de vous. On fait ce qu'il reste à faire, et après, on s'arrange avec votre gouvernement. On vous renvoie chez vous. » Pour m'impressionner, il s'adresse à moi uniquement en arabe.

Les séances avec lui se passent tranquillement. Il m'apporte du cheese-cake, un gâteau au fromage que les Américains adorent, des canettes de soda. Je me goinfre avec plaisir. Le problème, avec cet interrogateur, c'est qu'il espère beaucoup mais que je n'ai pas grand-chose à lui donner. Pas de révélations, pas de secrets, pas d'organigramme d'organisation terroriste. « Mais non, t'inquiète pas, on va parler, je vais te poser des questions, c'est tout. Ne te casse pas la tête. » Bon, d'accord.

Pour m'appâter, l'interrogateur commence à me parler du nouveau camp qui vient d'ouvrir, Delta 4. Il fait miroiter un transfert en échange d'une attitude « coopérative ». Selon ce qu'on raconte, à Delta 4 il n'y a plus de cages. Les gars dorment dans des dortoirs, il y a un terrain de sport, des douches à volonté. Delta 4, c'est la vitrine de Guantanamo. Chaque mercredi, une délégation est autorisée à le visiter, ainsi que l'hôpital qui se trouve derrière. Sénateurs américains, journalistes, membres d'associations pour les droits civiques peuvent ainsi voir des détenus en train de jouer au foot ou de bavarder sur les pelouses.

Avant d'entrer dans le vif du sujet, l'interrogateur nous réserve un traitement de faveur. Il nous organise une séance de cinéma dans le petit salon qui jouxte les salles d'interrogatoire. Avec deux des autres Français, on a droit à un documentaire des années 70 sur l'Égypte. C'est assez mauvais, plutôt ennuyeux. Mais comme entrée en matière, c'est de bon augure. Sauf que cet interrogateur disparaît aussi subitement qu'il est arrivé.

N'empêche, l'ambiance dans les blocs commence à changer. Une certaine méfiance s'installe : la chasse aux espions est ouverte. Les espions, ce sont ces nouveaux arrivants que l'on voit apparaître, tout au long de 2003. Des Afghans et des Irakiens que les Américains ramènent et enferment avec nous. Sauf que ces types ne sont ni des taliban ni des islamistes. Ce sont des criminels de droit commun. Ils ne sont là que pour écouter et rapporter ce qui se dit. Ils sont très vite démasqués. D'abord, ils ne portent pas la barbe, alors que dans le camp tous les détenus sont barbus. Même moi. Je me suis laissé pousser la barbe lorsque je suis arrivé en Afghanistan. Il fallait bien faire comme tout le monde si je voulais éviter les questions gênantes. Ici, c'est pareil. Je suis arrivé totalement rasé. Juste avant de quitter Kandahar, les Américains nous avaient passés à la tondeuse. C'était boule à zéro et pas un poil au menton pour tout le monde. Depuis, j'ai laissé repousser.

Au bout de quelques semaines, les espions afghans finissent par comprendre et par arrêter de se raser, eux aussi. Cela ne suffit pas à faire d'eux ce qu'ils prétendent être, de bons musulmans. Ils sont grossiers, vulgaires. Ils ont toujours l'insulte à la bouche. Dans les blocs, on les voit toujours en train de tendre l'oreille, de poser des questions. Et puis ils passent beaucoup de temps en interrogatoire à rapporter tout ce qu'ils ont entendu.

Dès qu'on les a repérés, tout le monde se méfie d'eux. Résultat, la seule liberté qui nous reste, celle de la parole entre nous, nous est confisquée. Certains commencent à avoir la haine contre ces types, parlent de leur faire la peau. Mais ils sont hors d'atteinte. Sauf une fois. Depuis l'assouplissement de certaines mesures de la détention, on a le droit de se promener par deux. Cela nous permet de bavarder en marchant, c'est beaucoup plus agréable. Un jour, les gardiens ont fait une bourde. Ils ont mis dans la même promenade un détenu et l'un de ces espions. S'ils n'étaient pas intervenus à temps, l'espion ne s'en serait pas sorti vivant.

Pour éviter d'autres incidents, l'administration retire progressivement tous les espions des différents blocs, à mesure qu'ils se font griller, et les envoie au camp 4.

Fin 2003, Eke vient soulager un peu mon ennui. Américain d'origine turque, Eke est le nouveau bibliothécaire du camp. C'est lui qui distribue les quelques livres apportés par la Croix-Rouge. Enfin, lorsque les interrogateurs lui donnent le feu vert. Car pour les livres aussi, il faut en passer par eux. Seuls les détenus qui coopèrent ont droit à une autre lecture que celle du Coran. Mais Eke, avec son bon cœur, fait toujours son possible pour arranger les choses. Je l'apprécie énormément.

Côté lecture, je n'ai guère le choix. La plupart des ouvrages disponibles sont en arabe ou en anglais. Alors, je prends tout ce que Eke a sous la main. *Le Mystère de la chambre jaune*, un livre sur les croisades, le *Guinness des records 2002*, un exemplaire de *France-Football*.

Un jour, l'un de mes meilleurs amis de Vénissieux, d'origine turque lui aussi, m'envoie une photo découpée dans un journal paru au lendemain de la victoire de la Turquie en demi-finale de la coupe du monde de football, en juillet 2002. Sur la photo, on le voit juché sur une statue, le drapeau turc à la main. Je ne résiste pas au plaisir de montrer le cliché à Eke, en lui racontant que le garçon avec le drapeau est l'un de mes meilleurs amis.

À partir de ce jour, Eke va me considérer un peu comme son frère. On discute beaucoup, et je le sens touché par ma situation. Alors il se démène pour adoucir un peu ma peine. Il passe pratiquement tous les jours pour me voir. Chaque fois qu'il reçoit un nouveau livre en français, il me l'apporte. Au cours de cette période, sa sollicitude me touche et m'aide. Eke est quelqu'un de très respectable. D'ailleurs, je ne suis pas le seul à bénéficier de son attention. Il essaie à sa façon d'améliorer le sort de tout le monde, et cela ne plaît pas à ses collègues. Eke sera même sanctionné pour avoir été jugé trop compatissant.

C'est à cette époque que les Américains changent les règles ordinaires de la détention. Désormais, le système comporte quatre niveaux. Les détenus classés « niveau 1 » ont droit à une promenade quotidienne de trente minutes, trois douches par semaine, un tee-shirt propre supplémentaire et un nécessaire de toilette complet. Ceux du niveau 2 n'ont droit qu'à quatre promenades et deux douches par semaine, avec un nécessaire de toilette plus réduit. Au niveau 3, c'est trois promenades et une douche avec un seul petit bout de savon. Enfin, les détenus de niveau 4 n'ont droit qu'à deux promenades de quinze minutes et une douche hebdomadaires. Ils sont privés de la tenue orange et obligés de rester en caleçon dans une cellule vide.

Tout cela dépend du bon vouloir des interrogateurs. Eux seuls décident, en fonction de ce qu'ils obtiennent, du classement des détenus. La seule règle, pour eux, c'est qu'il n'y en a pas. Lorsqu'ils ont décidé de faire parler quelqu'un, tous les moyens sont bons. Alors que je suis affecté au bloc Lima, un Saoudien en fait la dure expérience. Pour les Américains, ce gars est visiblement important. Donc ils s'acharnent sur lui. Ils l'empêchent de dormir en le changeant de cellule toutes les 45 minutes. Il passe fréquemment trois ou quatre jours d'affilée en interrogatoire. Un soir, au retour de l'une de ces séances, il nous raconte ce qu'il vient de subir. Selon ce qu'il dit, les Américains l'ont attaché sur une chaise, lui ont mis un drapeau américain sur une épaule, un drapeau israélien sur l'autre, et ils ont écrasé le Coran devant lui.

Aussitôt, le bloc est en ébullition. La nouvelle de la profanation se répand comme une traînée de poudre. Bientôt, c'est dans tout le camp que gronde la révolte. Certains blocs décrètent la grève de la faim. Les blocs Kilo et Lima prônent le blocage de tout mouvement de sortie. Plus de promenade, plus de douches, plus rien.

On en est là lorsque je suis convoqué à l'interrogatoire. Cette fois, c'est un gars du FBI qui veut me montrer une photo. « Tu le connais ? » Non. Jamais vu. Le fédéral se met alors à me parler de ce type sur la photo. Il s'appelle Richard Reid, il est anglais, il a tenté de faire exploser le vol Air France Paris-Miami du 22 décembre 2001 avec de l'explosif dissimulé dans une de ses semelles. Ça dure une trentaine de minutes. Puis l'interrogateur s'en va, sans rien me dire d'autre. Moi, j'attends. Je me dis qu'il va revenir. Je reste attaché à ma chaise, sous la garde du GI de service. Et les heures passent.

Un nouveau test ? C'est ce que je me dis. Des détenus ont raconté être restés comme ça jusqu'à vingt-quatre heures d'affilée, sans qu'on leur dise un seul mot. Alors j'attends. La nuit tombe. Je commence à me demander si je vais devoir dormir sur cette chaise lorsque, enfin, les gardes viennent me chercher. Retour au bloc.

C'est là que je comprends qu'il s'est passé quelque chose. À peine la porte franchie, c'est une vraie porcherie qui s'offre à mes yeux. Il y a des débris partout, de l'urine, des excréments. Une fois dans ma cage, je demande à mon voisin de me raconter. Voilà ce qu'il me dit.

Juste après mon départ, les Américains ont décidé de vider le bloc. C'est leur façon de répondre à la grève des sorties. Ils prennent les types et les dispersent dans d'autres bâtiments. C'est une intervention très lourde, durant laquelle tout autre mouvement est suspendu. Ce qui explique la longue attente dans la salle d'interrogatoire.

Vider un bloc mobilise les groupes d'intervention de l'armée pendant de longues heures. Ils procèdent pour chaque détenu de la même manière. D'abord, ils aspergent généreusement le prisonnier de gaz lacrymogène à travers le grillage. Ensuite, ils entrent en force, se ruent sur le pauvre gars qui essaie de respirer, le plaquent au sol et lui passent les menottes aux pieds et aux mains.

Il ne reste plus qu'à le traîner au sol jusque dehors, sous les insultes et les jets de diverse nature venus des autres cellules. Car toute l'opération se déroule dans une ambiance de folie complète.

Une fois à l'extérieur, ce n'est pas terminé. Les soldats procèdent d'abord à un arrosage abondant du détenu, afin d'éliminer le gaz qui l'imprègne et qui lui brûle la peau. Enfin, ils lui rasent la tête et la barbe à grands coups de tondeuse. Voilà. Il ne reste plus qu'à l'emmener jusqu'à sa nouvelle cellule et à recommencer. La procédure se répète comme cela toute la journée, jusqu'à la pause du soir, puis recommence le lendemain matin.

Il faut trois jours aux GI pour vider le bloc Lima. Ma cellule étant vers le fond, je serai dans les derniers à y passer. Car cette fois, je vais y avoir droit. Ce sera une première. Jusqu'à présent, lors des précédents mouvements collectifs, j'ai toujours réussi à esquiver et à me mettre un peu en marge. Solidaire sur le principe avec ceux qui agissaient, tout en évitant de prendre part directement à leurs actions.

Mais là, impossible de passer au travers. Celui qui ose braver le mot d'ordre et qui sort de sa cellule est immédiatement repéré. Le traître risque des insultes, ce qui n'est pas bien méchant, mais surtout la mise au ban de la collectivité. Ça, je ne peux pas me le permettre. Pour supporter la pression de la détention, j'ai absolument besoin du soutien des autres détenus. Dès que ça ne va pas, il faut que je puisse parler à quelqu'un, qu'on m'écoute, qu'on me réponde. Je fais d'ailleurs la même chose quand c'est le voisin qui a besoin de moi. Si je perds ce soutien, je suis fichu. Ce ne sont pas les gardiens ou les interrogateurs qui pourront m'aider. Le gardien, même le plus sympa, il fait ses huit heures de service et il s'en va. L'interrogateur, même le plus attentionné, vient une fois par semaine et repart. Avec les détenus, c'est différent. On vit ensemble vingt-quatre heures sur vingt-quatre, dans la même pièce, sans aucune intimité. Quand l'un va aux toilettes, les autres sentent son odeur. Même avec mes copines, je n'ai jamais vécu comme ça. Dans ces conditions, la bonne entente est une simple question de survie.

Pendant que les opérations d'évacuation se déroulent, un haut gradé tente de négocier le retour à la normale. Il reconnaît que les soldats ont commis une faute, il promet que cela n'arrivera plus. Rien à faire. Les détenus ont décidé d'aller jusqu'au bout, pour marquer le coup face à cette profanation. Il ne me reste plus qu'à attendre mon tour et à en prendre plein la gueule. Un sale moment à passer. Mais c'est le prix à payer pour pouvoir marcher tête haute devant mes codétenus et garder leur confiance.

Après ces événements, les détenus mettront au point une sorte de « tarif » fixant les mesures de rétorsion à exercer en cas d'abus de la part des soldats. La règle est expliquée au sergent qui commande le détachement de quatre soldats affecté à la surveillance de chaque bloc.

Elle est très simple. « Vous voulez passer une bonne journée ? Alors, oubliez-nous et tout ira bien. » En revanche, s'ils veulent jouer les gros bras, ils doivent savoir à quoi s'attendre. Le tarif est simple. Intervention sur un détenu qui fait la prière ou profanation du Coran : jets d'excréments. Traîner un détenu sur le sol, le frapper ou le maltraiter : jets d'urine. Insulter un détenu : jets d'eau. Enfin, en cas d'actions négatives concertées des quatre gardes tout au long de la journée : épandage de débris de plastique sur le sol de l'allée centrale quelques minutes avant la fin de leur service.

Les militaires finiront par trouver la parade, en disposant des feuilles de plastique sur les portes grillagées des cellules.

La révolte est terminée. Nous sommes dispersés. Par chance ou par hasard, les quatre Français et Moussa se retrouvent avec moi dans le bloc Charlie. Mais la bataille a laissé des traces. Comme tous mes compagnons, j'éprouve une rancœur tenace à l'encontre de nos geôliers. Pour l'exprimer, nous décidons, entre francophones, de ne plus collaborer lors des interrogatoires.

Le plus étonné, c'est l'interrogateur américano-libanais, qui fait son grand retour à ce moment-là. Il tombe des nues. « Tout allait bien entre nous. Je pars un mois et demi, et quand je reviens, vous ne voulez plus parler. » Quand je lui explique ce qui s'est passé et pourquoi, dorénavant, nous ne lui répondrons plus, il essaie de m'amadouer. « Je leur avais dit de faire attention, ils ne m'écoutent pas. Si j'avais été là, ça ne se serait pas passé comme ça. » Sur ces belles paroles, il me renvoie dans ma cage.

Sa réponse, la vraie, arrive dans la soirée. Je suis transféré dans le bloc Mike, loin des autres Français. On m'y laisse quelques jours, le temps de me faire regretter la présence de mes camarades. Et on me rappelle en salle d'interrogatoire. L'Américano-Libanais se fait tout sucre, me répète combien ce qui s'est passé est regrettable, qu'il est désolé. D'autant qu'on était partis, lui et moi, sur de si bonnes bases. Moi, je lui dis une seule chose. « Si tu veux que je reparle avec toi, tu me remets avec les Français. » Le soir même je suis de retour au bloc Charlie, juste à côté des Français et de Moussa.

Les interrogatoires reprennent donc leur cours. Questions de routine, réponses tranquilles. Puis le ton change. Au fil des séances, l'Américano-Libanais se fait de plus en plus exigeant. Quoi que je lui raconte, ça ne va pas. Il en veut plus. Il ne cesse de me chauffer à coups de petites phrases, du genre « Allez, arrête tes conneries, tu en sais plus ». Ça commence à me taper sur le système.

Les choses se gâtent pour de vrai quand il essaie de me piéger avec une très grosse ficelle. La séance commence pourtant sous les meilleurs auspices. Lorsque j'arrive, il y a des chips et du Coca sur la table. Mais ça tourne au vinaigre immédiatement. Il prétend en effet que les services secrets américains ont trouvé mon nom sur l'ordinateur d'un nommé Abu Zubaydah, un chef présumé d'Al Qaïda arrêté au Pakistan. D'ordinaire, lorsque les interrogateurs mentent, ils le font de manière plus fine. Là, c'est carrément n'importe quoi. Ce type ne sait même pas que je n'ai jamais voyagé sous mon nom, mais sous le nom figurant sur mon faux passeport. Je me fous un peu de lui, en lui faisant remarquer qu'il aurait pu lire mon dossier avant de venir. Visiblement, il n'apprécie pas. Il ramasse les chips, le Coca. « C'est fini, je ne parle plus avec toi. » Ça tombe bien, moi non plus, je ne parle pas avec un si gros menteur. Très fâché, il sort.

Le froid entre lui et moi est définitif. Désormais, je refuse de lui répondre. Il tente malgré tout de m'amadouer. Pendant des semaines, il me fait venir pour bavarder, me donner des bricoles, de la lecture. Pour cela, il épluche les sites Internet en français. Un jour, c'est une méthode pour apprendre l'arabe, un pavé de 600 pages en français qu'il a déniché sur le site de l'université de Médine. Un autre jour, ce sont des informations sur le football, puis des extraits d'un roman de Marcel Pagnol. Je reste intraitable. Plus de collaboration.

12

Fin de partie

Les mois passent. Encore une année qui s'achève, et je suis toujours là. L'Américano-Libanais s'en va. Son remplaçant, un militaire américain, est un type plutôt calme, posé. Il est assisté par Abdel, un traducteur marocain qui parle parfaitement le français. Lors de notre premier entretien, l'Américain m'explique sa règle du jeu. Si tout se passe bien, si on avance dans le dossier, il me fera transférer au camp 4. Pour me motiver, il m'organise quelques jours plus tard une visite du lieu.

Je retrouve deux des Français qui sont déjà là. Je peux discuter avec eux, manger un morceau et faire le tour des installations. Quatre bâtiments disposés en carré délimitent une cour commune. Chaque bâtiment est en fait un dortoir avec dix lits, surveillé par un soldat posté derrière une grille. Il y a des lavabos et des toilettes séparés. Et de vraies douches.

Les portes des dortoirs s'ouvrent et se ferment automatiquement. Tous les repas se prennent à l'extérieur, sur une sorte de terrasse aménagée avec des tables et des bancs. Quand je regagne mon bloc, les autres m'encouragent. « Nizar, faut absolument que tu viennes ici. Parle avec eux, répète-leur ce que tu as déjà dit et ça va aller. » J'en ai bien l'intention.

Après la visite, le cinéma. Le nouvel interrogateur me fait venir en compagnie de deux autres Français dans la salle vidéo. Au programme, le DVD de *Spiderman 1* en version française. Je dévore les images des yeux. Cela fait plus de deux ans que je n'ai pas vu la vie réelle, celle du dehors, avec des gens qui marchent dans des rues, des voitures qui klaxonnent, des jolies femmes qui sourient. Je sens ma rage de vivre plus forte que jamais.

Les interrogatoires se succèdent, toujours sans intérêt. Encore et encore des noms de gens que je ne connais pas, des questions sur mes déplacements, des photos à regarder. Pour m'encourager, je suis « invité » à une deuxième projection. Cette fois, c'est *X Men 1*, une histoire de mutants que je regarde avec la même excitation que celle de l'homme-araignée.

En février 2004, je sens que les choses commencent à bouger. D'abord je reçois une visite inattendue. Convoqué en salle d'interrogatoire, je me retrouve face à quatre hommes. Des Français. Pas un mot sur le service auquel ils appartiennent. Ils me font enlever toutes les chaînes, me posent des questions sur ma santé, me demandent si je tiens le coup. On bavarde. Je leur dis que je les attends depuis longtemps. « Tu sais, entre les Américains et nous, il y a parfois des histoires. Mais on est là. C'est déjà bien. » Je m'inquiète aussi de ce qu'ils sont venus faire. Parce que si c'est pour m'enfoncer encore plus, comme la première fois, je n'ai pas besoin d'eux. « Pas du tout, on est seulement venus s'assurer de tes conditions, voir si tout allait bien. » Au passage, ils me donnent des nouvelles. « Ta famille va bien. Ton frère nous a secoués. » Mon cœur se met à battre plus fort. Aymane. Tu te bats encore pour moi, mon frère. Tu as bien du mérite.

Parce que à Vénissieux, comme je l'apprendrai par la suite, l'année 2003 avait été terrible. Tout semblait au point mort. Le courrier s'était raréfié, les officiels ne donnaient plus signe de vie. En mai, Dominique Perben, le ministre de la Justice, avait reçu son homologue américain John Ashcroft en visite à Paris, et s'était borné à lui faire part de la « préoccupation » des familles. Autant dire rien. Le collectif de soutien avait continué la bagarre, organisant une manifestation devant le siège d'Interpol pour protester contre la venue d'Ashcroft. Le député-maire avait écrit au président de la République, lancé une pétition auprès des parlementaires. William Bourdon et Jacques Debray, mes avocats, avaient porté plainte pour « détention arbitraire » devant la justice française. Mais rien de tout cela n'avait réellement permis de faire avancer les choses. Et puis il y avait eu des coups durs. Comme ce jour, en plein milieu de cette période noire, où la chaîne de télévision Al Djezira avait annoncé que les Américains construisaient des chambres d'exécution à Guantanamo. Ma mère avait passé de longues heures à pleurer. À la maison, le silence s'était installé. À l'heure du dîner, la famille se retrouvait autour de la table. En face de mon père, une chaise restait obstinément vide. Ma place. Comme un rappel têtu de l'absence. Personne n'osait s'y asseoir, même les invités l'évitaient. Mon frère Aymane, le plus battant d'entre tous, s'était pris à douter de mon retour. Il s'était dit qu'il vaudrait peut-être mieux, au fond, que je disparaisse pour de bon. Qu'on dise une bonne fois pour toutes : « Nizar ne reviendra pas. Il est mort là-bas, à Guantanamo. » Ce serait plus simple pour tout le monde. Au moins, les parents pourraient faire leur deuil. Il n'avait pas désarmé pour autant. Il avait continué à frapper aux portes, à tirer les sonnettes. Il était allé à Genève, grâce au maire de Vénissieux, qui avait mis sa voiture et son chauffeur à sa disposition. Il avait rencontré des représentants du Comité international de la Croix-Rouge. Il en était revenu sans la moindre information ni le moindre espoir, amer. Aussi, quand Aymane avait été reçu au ministère des Affaires étrangères avec une délégation du collectif, en janvier 2004, il avait pété les plombs. En face de lui, les gens avaient parlé de tout ce qu'ils avaient l'intention de faire. Jamais de ce qu'ils avaient fait. Parce qu'ils n'avaient rien fait. Surtout, ils avaient expliqué la raison de cet immobilisme. Tout au long des dix-huit mois écoulés, les services français avaient cherché un antécédent judiciaire dans mon passé. Une sorte de prétexte qui leur aurait permis de demander mon extradition, en quelque sorte. Et ils n'avaient rien trouvé. Aymane, ça l'avait rendu fou. « Qu'est-ce qu'il aurait dû faire ? Poser des bombes avant de partir ? » Il s'était levé, avait balancé sa chaise contre le mur, s'en était pris aux avocats, aux familles des autres. « J'en ai rien à foutre de personne, de ton client, de ton frère. Je m'en fous. Chacun sa merde. Moi, je parle de mon frère, rien d'autre. » Il y avait une grande colère dans ses paroles. Mais pas seulement. Il y avait aussi de la prudence. Aymane savait que les dossiers des autres détenus n'étaient pas forcément aussi limpides. Il fallait qu'il me démarque d'eux, leurs convictions, leurs actions n'avaient jamais été les miennes. Sa crédibilité, sa force aussi, était là. Quelques jours plus tard, Aymane partait pour Londres, pour la création officielle de la Commission internationale des droits de l'homme de Guantanamo, à l'initiative des acteurs britanniques Vanessa et Colin Redgrave.

Mes visiteurs français ne me racontent pas tout cela dans le détail. Seulement les grandes lignes. L'essentiel. Cela me suffit. Pour le reste, la rencontre avec la délégation se déroule de façon très correcte. On me récite tout mon parcours depuis mon départ de Vénissieux, le 21 juin 2001. Je confirme chaque fois qu'on me le demande. Je n'ai aucun mal à le faire, les éléments entre leurs mains étant ceux que j'ai donnés à la première équipe française, en 2002. Une fois cette formalité expédiée, on parle de foot, des résultats de l'Olympique lyonnais, qui marche fort, d'un avion qui s'est écrasé en Égypte. On me propose aussi d'écrire un petit mot à mes parents, ce que je fais sur un coin de table. L'entretien s'achève. Les Français ne m'ont rien promis. Ils m'ont seulement laissé entendre qu'ils travaillaient pour que les choses changent. Je veux y croire. D'ailleurs, ça bouge. J'ai un nouvel interrogateur. Une nouvelle, en fait. Elle s'appelle Natacha, c'est une militaire américaine d'origine russe, jolie comme tout. Le problème, c'est sa traductrice. Une femme qui parle tellement mal le français que plus d'une fois je lui demande de laisser tomber la traduction. Je préfère encore me débrouiller avec mon anglais rudimentaire.

Avec Natacha, les questions changent de nature. Jusqu'à présent, on m'a toujours demandé si je connaissais untel ou untel, en me récitant un tas de noms dont je n'avais jamais entendu parler. Natacha, elle, me cite des noms de Français, elle me parle de gens qui habitent pas loin de chez moi. Elle me raconte un tas de choses sur le frère de Mourad, et sur ses activités. Elle me questionne sur telle ou telle association lyonnaise. Je sens que, cette fois, il y eu a une collaboration entre les Américains et les services français.

Pendant que je discute avec Natacha, Slimane, le Danois de Guantanamo, est libéré. Je l'avais revu quelque temps auparavant, lorsque j'avais visité le camp 4. Il est le premier prisonnier européen à sortir. Je ne peux m'empêcher d'y voir un signe positif.

D'ailleurs, il est suivi quelques jours plus tard par un Espagnol, puis c'est au tour de plusieurs Russes et de six Anglais de quitter l'île. L'impatience me ronge. Je harcèle les délégués de la Croix-Rouge, dès que je les vois, pour savoir ce qui se passe dehors, s'ils sont au courant de négociations avec la France. Je n'obtiens que des réponses prudentes. Personne ne sait rien.

Natacha me dit la même chose. D'après elle, rien d'officiel n'est engagé. Lot de consolation, on me change de bloc pour me remettre à côté de mon copain Mourad et de Moussa, le Belge. Tous les trois, nous avons droit à une nouvelle séance de cinéma. Au programme, *X Men 2*, la suite du 1. Je ne suis pas installé depuis une semaine que les GI se présentent devant ma cage. « Camp four. » Je salue mes compagnons d'infortune et je pars. Nous sommes en mai 2004. Joli mois de mai.

Difficile de faire comprendre ce que j'éprouve à ce moment précis. Je viens de passer plus de deux ans dans une cage d'un mètre quatre-vingts sur deux mètres. Je vais pouvoir respirer, marcher sans avoir les fers aux pieds, voir les montagnes, la mer, toucher les gens, jouer au ballon. C'est l'un des plus beaux jours de ma vie. L'accueil des autres détenus est formidable. Je passe la tenue blanche, on me montre le lit que l'on m'a réservé, à côté de celui d'un des deux Français. Un vrai lit, avec même un oreiller. Je suis bien.

Les bonnes nouvelles continuent à arriver. Le délégué de la Croix-Rouge me raconte que mon frère s'est rendu à Washington quelques semaines plus tôt, qu'il a été reçu par le maire, par un sénateur, et que sa visite a fait la une de tous les grands quotidiens. Jamais je n'ai autant cru à ma libération prochaine.

À Guantanamo, tout le monde s'était bien gardé de me parler de cet événement. Alors que je croupissais toujours dans ma cage, Aymane était reçu au Capitole, dans la capitale des États-Unis d'Amérique, pour dénoncer l'injustice dont j'étais victime.

Le voyage avait été organisé et entièrement pris en charge par l'American Civil Liberties Union (ACLU), une association fondée en 1920 pour la défense des libertés civiles et qui regroupe plus de 400 000 membres.

La délégation était partie au début du mois de mars 2004. Elle comprenait des membres des familles de détenus européens, des avocats, des gens de la Commission internationale pour les droits de l'homme de Guantanamo. Côté lyonnais, il y avait trois membres du collectif, parmi lesquels deux de mes amis proches, Greg et Zoubir, nos avocats Jacques Debray et William Bourdon, le maire de Vénissieux, André Gérin.

La visite avait eu un retentissement énorme. Une centaine de journalistes, les télévisions du monde entier avaient suivi ce déplacement qui avait commencé par une conférence de presse devant la Cour suprême. La délégation s'était ensuite rendue dans l'église presbytérienne, pour une cérémonie interreligieuse, en présence d'un curé, d'un pasteur, d'un rabbin et d'un imam.

Aymane était monté au pupitre, face à l'assemblée, pour prononcer le petit discours qu'il avait préparé. Submergé par l'émotion, il avait dû laisser au traducteur le soin de lire son texte. Des centaines d'inconnus l'avaient serré dans leurs bras, lui donnant des petits cadeaux, des messages pour les parents.

Ils s'étaient installés devant la Maison-Blanche pour tenir une conférence de presse. Ils avaient vu un haut-commissaire des Nations unies.

Puis la délégation s'était rendue au Capitole afin de rencontrer les élus du peuple américain. Aymane s'était retrouvé face au sénateur républicain Lindsey Graham. L'élu de la Caroline du Sud lui avait simplement dit : « Raconte-moi comment est ton frère. » Alors Aymane avait sorti quelques photos, de celles où l'on posait ensemble, en rigolant, pleins d'insouciance et de joie de vivre. Avec l'aide du traducteur, il avait parlé du destin d'un jeune homme travailleur, sensible, qui aimait les belles voitures, qui aimait les femmes. De temps en temps, le sénateur posait une question, demandait une précision. Puis à la fin, il avait regardé Aymane droit dans les yeux. « Tu es sûr de tout ce que tu as dit ? » Aymane avait soutenu le regard de cet homme qu'il sentait à la fois très touché et profondément sincère. Puis il lui avait répondu qu'il n'avait pas fait ce voyage et parcouru des milliers de kilomètres pour lui raconter des conneries. Le sénateur lui avait alors dit, avant de le quitter : « Je ne vous garantis rien. Mais je vais faire le maximum. »

Ce voyage avait beaucoup compté pour Aymane. Il avait eu, d'un seul coup, une autre vision de l'Amérique. Il avait rencontré des gens d'une grande humanité, qui s'étaient excusés devant lui, au nom de leur pays. Des gens qui ne voulaient pas juger sur le fond de l'affaire, ça n'était pas leur problème. Pour eux, quoi que ces gens enfermés à Guantanamo aient commis, ils n'avaient rien à faire là-bas.

Aymane avait vécu trois jours comme dans une superproduction. Après Washington, ils étaient partis pour New York. Limousines géantes pour les déplacements, suites sur la Cinquième Avenue, rendez-vous avec tout ce que la ville comptait de bonnes volontés, réceptions. Il était revenu en se disant : « C'est impossible que ça ne marche pas. »

Dans le camp, la rumeur se fait de plus en plus insistante au fil des jours. Des interrogateurs parlent à des détenus qui font passer le message. Les tractations sont en cours avec les Français. Je fais des efforts terribles pour ne pas y croire. Je sais de quoi sont capables nos geôliers. Je les ai vus, plus d'une fois, leurrer un type pour le faire craquer. On l'appelle, on lui donne des vêtements civils, on lui fait faire le tour des blocs pour dire au revoir, comme s'il était vraiment libéré. On l'emmène sur le tarmac, jusqu'au pied de l'avion. Et là, on lui dit : « Mince alors, il te manque un papier. » Le type n'a plus qu'à regarder les autres monter dans l'avion et à regagner son trou.

Ma libération, j'y croirai lorsque je serai assis dans l'avion et qu'on aura décollé. Je me le dis et je me le répète, pour me préserver. Pourtant, j'ai sacrément envie d'y croire. Surtout quand les types de l'habillement viennent prendre mes mesures, quand on me conduit à la visite médicale, formalités qui sont réservées aux partants.

Le 26 juillet 2004 au matin, j'abandonne toute précaution pour laisser éclater ma joie. Ils sont là. Un groupe d'officiers américains, avec les caméras de l'armée. « You are going home. » Pas besoin de traducteur pour comprendre que je rentre chez moi. On me tend un papier, une sorte de contrat par lequel je m'engage à ne pas attaquer les États-Unis. Pour sortir, il faut signer ? Je signe. Pas le temps de lire. De toute façon, je m'en fous. Pour sortir, je suis prêt à jurer que je suis le Père Noël. On me donne un jean trop grand, une paire de baskets, du 49, un pull avachi. J'ai aussi droit à un nécessaire de voyage avec une trousse de toilette. Ultimes formalités, une interrogatrice enregistre le son de ma voix. Un tour dans les blocs pour dire au revoir aux autres détenus, et hop, dans le bus. Pour le dernier voyage, pas de chaînes, pas de menottes. Un simple lacet de plastique passé autour des poignets.

Nous sommes quatre à partir : Mourad, deux autres Français et moi. Du camp jusqu'à l'aéroport, nous ne voyons rien. Les vitres sont recouvertes de papier alu afin de les rendre opaques. Le trajet dure un bon moment, avec une série de manœuvres au milieu.

D'après ce que je devine, le bus embarque sur une sorte de bac pour traverser un bras de mer, ou quelque chose comme ça.

Enfin le bus s'arrête pour de bon, le moteur est coupé. Nous attendons un long moment, peut-être une heure. On en profite pour bavarder avec les soldats qui nous accompagnent. Puis les portes du bus s'ouvrent. Un type monte. « Bonjour, je suis le médecin de la Croix-Rouge française. Je vais vous ausculter. » Palpations, stéthoscope, prise de tension. Nous allons tous bien. Nous pouvons donc descendre.

On foule le tarmac quelques secondes seulement, le temps de monter dans le camion du Comité international de la Croix-Rouge. À l'intérieur, un délégué nous demande, un par un, si nous voyons un inconvénient à retourner en France. Personnellement, je n'en vois aucun. La voie est donc libre.

À la sortie du camion de la Croix-Rouge, un soldat américain muni d'une pince coupante sectionne d'un coup sec le lacet de plastique passé autour de mes poignets. Deux policiers français en civil s'approchent de moi, me saisissent par les bras. « Bonjour, monsieur Sassi. On est là pour vous raccompagner en France. » Voilà. J'ai changé de mains.

Dans l'avion, un représentant du ministère des Affaires étrangères se présente et me donne quelques mots d'explications pour le voyage. « Ces messieurs sont là pour vous escorter. Si vous voulez aller aux toilettes, vous demandez. Si vous voulez manger quelque chose, vous demandez. Si vous avez le moindre souci, vous demandez. On rentre à Paris. »

Le vol se déroule sans histoire. Je repense à ma famille qui m'attend, à ma copine. Cela fait trente mois que je n'ai pas touché une femme. Chaque minute qui passe me rapproche de ma maison, de mon quartier, de ma vie, quoi. L'appareil commence à perdre de l'altitude. Le sol de France se rapproche. Un petit choc. Nous sommes le 27 juillet 2004. Je viens d'atterrir sur l'aéroport militaire d'Évreux.

13

Prison, liberté

En sortant de l'appareil, j'aperçois une cinquantaine de personnes en bas de la passerelle. Rien que des policiers, qui ont l'air d'attendre de terribles monstres. Je pose le pied sur la piste, toujours encadré par mes quatre anges gardiens. Un policier s'avance vers moi. « Monsieur Sassi, vous êtes en garde à vue pour association de malfaiteurs en relation avec une entreprise terroriste. »

Après une rapide visite médicale, on me met les menottes, mains dans le dos et bracelets bien serrés, et on m'embarque dans une Scénic. Mes compagnons sont placés dans d'autres voitures. Le convoi s'ébranle, encadré par des motards de la gendarmerie chargés de tenir la presse à distance. Car une meute de journalistes attend à la sortie de la base aérienne. Dès que le convoi est sur la nationale, c'est un ballet incessant de motos de presse, avec des photographes assis à la place du passager. Ils essaient de s'approcher pour nous prendre en photo. Les gendarmes s'interposent pour les en empêcher, non sans risques d'ailleurs, tandis que les policiers assis à côté de moi me mettent un blouson sur la tête.

Trop occupé à jouer au jeu du chat et de la souris avec la presse, le conducteur a oublié de couper l'autoradio. Voilà comment je découvre le sujet qui passionne la France en ce beau jour de juillet : le mariage de deux homosexuels à Bègles quelques semaines plus tôt. Juste après, le présentateur annonce le retour de quatre Français de Guantanamo et pose quelques questions à un spécialiste de l'antiterrorisme.

– À votre avis, à quoi va servir la garde à vue de ces individus ?

– Cela devrait permettre d'obtenir des informations importantes...

Clic.

Juste au moment où ça devenait intéressant. Mais le policier assis à la place du mort s'est rendu compte de la situation et s'est empressé de couper la radio.

Le vrai choc, pour moi, c'est l'entrée dans la capitale. Nous sommes en tout début d'après-midi, et je ne sais plus où regarder. Les rues animées, les terrasses des cafés pleines de gens attablés au soleil, les boutiques, tout me fascine. La visite s'achève lorsque le convoi plonge dans les sous-sols de la Direction de la sûreté du territoire, rue Lauriston, dans le XVIe arrondissement.

Après une fouille en règle, on me confisque mes lacets et je me retrouve en cellule. Mais je suis d'une totale sérénité. Je suis en France, alors plus rien ne me fait peur. Même pas la prison. Combien de fois j'en ai rêvé, quand j'étais à Guantanamo ! Là-bas, je n'étais rien. Je ne savais pas ce que l'on me reprochait vraiment, je ne savais pas si je serais jugé un jour. Il n'y avait ni début ni fin. Ici, je sais que je vais pouvoir parler à un juge, avoir un avocat, faire valoir mes droits. Je sais que cela sonne bizarrement, mais pour moi, la prison française, c'est la liberté.

J'en suis là de mes réflexions lorsque les policiers viennent me chercher. C'est l'heure du premier interrogatoire. Dans la salle, ils sont deux, un grand chauve et un petit nerveux. On commence par le questionnaire d'état civil habituel, nom, prénom, adresse, bref, la routine. Depuis le temps, je connais mon arbre généalogique par cœur. Puis, progressivement, mes deux interlocuteurs entrent dans le vif du sujet. On refait mon itinéraire, on reparle des gens que j'ai rencontrés. Tout se passe très convenablement. Au bout de quelques heures, les deux policiers décident qu'il est grand temps de faire une pause. On me ramène en cellule. Je m'endors.

La nuit est tombée depuis longtemps quand on vient me réveiller. Retour en salle d'interrogatoire, avec deux autres policiers, pour un nouveau round. Pendant deux jours et deux nuits, les inspecteurs se relaient pour me questionner. Je fais des allers et retours entre ma cellule et leurs bureaux. Entre chaque séance, je suis bien traité, on me donne à manger, on respecte les temps de repos. Les policiers savent d'où je viens, ce que j'ai subi. Alors, ils font preuve d'une attention particulière.

Après quarante-huit heures, le juge Ricard, chargé d'instruire mon dossier au pôle antiterroriste, me rend une petite visite. Je découvre le bonhomme, l'air pincé, plutôt glacial. Le moins que l'on puisse dire, c'est qu'il n'est pas content. « Ça ne va pas, il faut aller plus loin. »

La colère du juge n'est pas feinte. Il a lu attentivement tous les procès-verbaux de mes interrogatoires, au fur et à mesure que les policiers les lui faxaient. Il a passé au crible mes réponses. Il n'a pas mis longtemps à percevoir que beaucoup de choses clochaient dans l'histoire telle que je l'avais racontée.

Pourtant, je me suis contenté de répéter ce que j'ai dit aux interrogateurs américains pendant trente mois. C'est d'ailleurs de là que vient le problème. Parce que, à Guantanamo, j'avais une seule possibilité : plaire à mes interlocuteurs. Sinon, c'était la case torture. Je n'avais pas hésité. Je m'étais ainsi consciencieusement appliqué, trente mois durant, à les caresser dans le sens du poil autant que possible. Si un interrogateur voulait que je dise que le ciel était vert, et pas bleu, cela ne me dérangeait pas. Alors, progressivement, je les avais laissés ajouter mille et un détails à mon récit initial, dont un certain nombre étaient incompatibles entre eux. Si l'un d'eux voulait que je sois resté deux heures à une station de taxi alors qu'au même moment un autre me voyait plutôt attendre dans un hall d'hôtel, qu'est-ce que cela changeait ? Rien. Alors, je disais oui aux deux.

Au bout du compte, je ne sais plus moi-même très bien ce qui est vrai et ce qui ne l'est pas. À force de les répéter, les mensonges sont devenus des vérités dans ma tête. Tout est mélangé. Je suis incapable de faire désormais un récit cohérent de ce que j'ai vécu entre mon départ de Vénissieux, le 21 juin 2001, et mon arrestation au Pakistan, six mois plus tard.

Je vais mettre un peu de temps à comprendre tout ça. Le juge aussi, d'ailleurs. Pour l'instant, la seule chose qu'il voit, c'est que ça ne colle pas. Puis il s'en retourne au Palais de Justice. Je suis largué. Les policiers ne font qu'ajouter à ma confusion : les uns m'expliquent que je vais passer trois ans derrière les barreaux, les autres, au contraire, que je vais bientôt sortir.

Au bout de soixante-douze heures de garde à vue, la loi en matière antiterroriste donne droit à la visite d'un avocat. Maître Jacques Debray, mon défenseur lyonnais, se présente. Il se bat pour moi depuis plus de deux ans, mais évidemment c'est la première fois que je le vois. Je suis heureux. Il me donne des nouvelles de ma famille, m'apporte le bonjour de mes frères et sœurs, m'explique qu'il n'est pas question que j'aille en prison. Son optimisme fait plaisir à voir. Au point que je n'ose pas le contrarier. Parce que depuis la visite du juge, je sais que je ne sortirai pas d'ici libre.

Les interrogatoires reprennent. Le juge a des exigences. Les policiers savent bien que je ne suis ni un poseur de bombe ni un dangereux activiste. Ils me le font comprendre. Mais ils doivent absolument trouver de quoi justifier une mise en examen pour association de malfaiteurs. Alors ils cherchent. De guerre lasse, je finis par leur donner ce qu'ils veulent. Oui, j'ai rencontré des gens. Oui, je suis allé dans un camp d'entraînement. Les mots sont imprimés noir sur blanc, ma signature est au bas de la page, leur mission est terminée. Je ressens comme un grand soulagement général. La tension des heures précédentes retombe. Il est temps de se présenter devant monsieur le juge.

Il fait nuit noire lorsque le convoi quitte la rue Lauriston. Ce n'est pas la seule chose qui a changé par rapport à notre arrivée. Cette fois, c'est le grand jeu. Mes ex-codétenus et moi sommes pris en charge par des policiers en tenue de combat, tout de noir vêtus, le visage dissimulé par des cagoules. On nous place dans quatre voitures, encadrées par un véhicule à l'avant, un autre à l'arrière, toutes vitres baissées, les canons des armes dépassant des portières, le tout escorté par des motards.

Alors que nous filons dans les rues, je regarde encore une fois la vie qui palpite au dehors. Il fait doux, des couples prennent un dernier verre aux terrasses des cafés, d'autres rentrent tranquillement chez eux, bras dessus bras dessous. Tous se retournent sur notre passage, impressionnés par les gyrophares, les sirènes, le déploiement de forces. Je suis sûr que, l'instant d'après, ils nous auront oubliés. Arrivés au Palais de Justice, nous sommes conduits au dépôt, une sorte de prison d'attente installée dans les sous-sols. Là, je revis ce que je croyais ne plus jamais revivre. Il faut de nouveau se mettre nu, se baisser, s'humilier.

    Le lendemain matin, deux gendarmes m'escortent jusqu'au cabinet du juge Ricard. Mes avocats m'attendent devant la porte. Je retrouve Jacques Debray. Je fais aussi la connaissance de William Bourdon et de Claire Chaillou qui assurent également ma défense. Sans surprise, le juge me met en examen et m'annonce qu'il requiert un mandat de dépôt. Mes avocats contestent, bien entendu. Au juge des libertés de trancher. En attendant que ce dernier nous reçoive, William Bourdon me donne le choix. On peut laisser tomber, pour le moment, et aller vers la détention. C'est ce qui se profile le plus sûrement à l'horizon. L'un des autres Français rapatriés vient juste d'y passer. On peut aussi, m'explique l'avocat, tenter le tout pour le tout. « Le juge, c'est un homme, et un homme, on peut le toucher. » Je dis banco. On entre.

    Le débat contradictoire commence avec le procureur. C'est un massacre. Il me traite de terroriste, d'intégriste, de membre d'un réseau international. Même les Américains ne m'ont jamais dit ça. Il m'enfonce la tête sous l'eau de toutes ses forces. J'ai beau respirer fort, j'ai du mal à encaisser le coup. Face à cette offensive, mes avocats bataillent comme des fous pour tenter de remonter le handicap. Je dis quelques mots, pour rappeler d'où je reviens. Le juge doit délibérer. Nous sortons.

Mon sort se joue là, derrière la porte, dans le bureau de cet homme qui n'a eu que quelques minutes pour se faire une idée de ce que j'étais. Je l'ai dit déjà, je ne redoute pas la prison. Peut-être même que je la souhaite. Après tout ce temps passé dans l'enfer de Guantanamo, l'idée de passer par une sorte de « sas de décompression » avant de retrouver le monde n'est sans doute pas la plus mauvaise. J'ai besoin de réapprendre à vivre avec les autres. Alors, je suis partagé. Je suis sûr qu'un séjour en prison me fera du bien. Mais j'ai aussi très envie de sortir. Surtout depuis que Jacques Debray m'a annoncé la présence de mes amis. Ils sont une vingtaine dehors, sur le trottoir, en face du Palais de Justice, sans compter les journalistes qui attendent l'issue de l'audience. Ils sont tous là, autour de mon frère Aymane, fidèle au poste.

C'est lui qui d'ailleurs a été le premier informé de mon retour. Le 26 juillet, dans l'après-midi, il avait reçu un coup de fil de Jacques Debray. « Ton frère revient demain. Ne le dis à personne. » Il n'avait pas pu tenir. Lui qui avait annoncé tant de mauvaises nouvelles à ma mère, depuis mon départ, s'était fait une promesse. Celle de lui dire aussi la bonne nouvelle, le jour où elle viendrait. C'était le moment.

Alors, il était passé dans la pièce à côté.

– Maman, qu'est-ce qui te ferait le plus plaisir au monde, là, maintenant ?

– Revoir mon fils.

– C'est bon, maman. Il revient demain.

Après, il avait battu le rappel. Le collectif avait organisé un barbecue géant pour tout le quartier, autour de toutes celles et de tous ceux qui s'étaient mobilisés. La fête avait duré tard dans la nuit. Chez mes parents, c'était la folie aussi. Ma mère s'était mise à vider les placards, à la recherche de toutes mes affaires, même celles qui ne m'allaient plus depuis des années. Puis elle s'était mise à les laver à la main. Aymane l'avait vue, debout dans la baignoire, en train de fouler les paires de jeans qui m'avaient appartenu.

L'avocat l'avait prévenu. Inutile de venir tout de suite à Paris. J'allais passer quatre jours en garde à vue. C'était la règle. Il avait donc attendu le jour J, préparant l'expédition. Puis ils étaient partis en pleine nuit, à une vingtaine, entassés dans cinq voitures. Dès six heures du matin, ils étaient sur le trottoir du Palais de Justice. Ils étaient restés là toute la journée, à m'attendre, jusqu'à deux heures du matin. Ils avaient fait plusieurs fois le tour du Palais, guettant aux portes, téléphonant aux avocats pour essayer, au moins, d'entendre le son de ma voix. Ils n'avaient rien vu d'autre qu'un fourgon cellulaire filant sous leur nez dans la nuit.

Car le juge a tranché. C'est la mise en détention. Je sais que pour mon frère et pour tous ceux qui m'attendent dehors, le coup est terrible. Je l'encaisse aussi. Mais le plus dur est fait. C'est ce que je me dis dans le fourgon qui m'emmène vers la prison de Fresnes, dans la banlieue sud de Paris.

À Fresnes, je suis immédiatement adopté par les autres détenus. Beaucoup connaissent mon histoire, depuis un reportage diffusé sur Canal + dans l'émission « 90 minutes ». Classé dans la catégorie « terroriste », je suis seul dans ma cellule. Mais je ne manque de rien. En quelques jours, mes nouveaux compagnons me fournissent tout le nécessaire pour avoir un peu de confort : réchaud, nourriture, vêtements, produits de toilette. Tout. J'ai aussi la télé, une radio, des journaux.

Les promenades sont les seuls moments pendant lesquels je suis en contact avec les autres prisonniers. J'en profite pour discuter avec eux, faire quelques connaissances. On me parle beaucoup du combat de mon frère pour ma libération. Je sens que les gens suivent de très près mon affaire.

C'est au parloir de Fresnes que je revois enfin mes parents. Ma mère vient d'abord seule. On tombe dans les bras l'un de l'autre. Elle pleure à chaudes larmes, me demande si je vais bien, si je ne manque de rien. Elle ne pose aucune question sur le pourquoi et le comment de ma présence ici. Ce moment, elle veut le consacrer tout entier à l'émotion qui nous étreint. Le reste peut attendre. Comme elle a raison.

Elle revient un peu plus tard, accompagnée de mon père. Grâce à l'appui du directeur de la prison avec qui j'ai de bonnes relations, je réussis même à obtenir un permis de visite pour mon frère.

Je l'ai déjà dit, pour moi, le passage par la prison devait avoir un rôle positif. Il devait me servir de transition, de temps de réadaptation. Aussi, dès que je le peux, je demande à rencontrer la psychologue. Mais les choses se passent très mal avec elle. Elle me culpabilise, me parle de choses que je ne veux pas entendre. Je mets rapidement fin à cette désastreuse expérience.

Pendant les trois premiers mois de mon séjour à Fresnes, je retourne plusieurs fois chez le juge Ricard. Il a sa théorie, et il n'en démord pas : personne ne peut aller en Afghanistan et être innocent. C'est vrai : je suis allé dans un endroit où je n'aurais jamais dû aller. C'est vrai : j'ai rencontré des gens que je n'aurais jamais dû rencontrer. Mais voilà. Ça s'est passé comme ça. Je ne suis pas pour autant un terroriste. Je ne suis pas quelqu'un qui fait du mal aux gens. Ça, j'ai beau le dire et le répéter au juge, il ne m'écoute pas. Alors je renonce. Dorénavant, je ne réponds plus à aucune de ses questions.

Après neuf mois à Fresnes, je suis transféré à la Santé. Je retrouve mes marques assez vite, d'autant que la solidarité des autres détenus est encore plus vive qu'à Fresnes. Certains détenus cuisinent fort bien et me font passer de bons petits plats.

Je profite de mon changement de prison pour redemander à bénéficier d'un suivi psychologique. Cette fois, j'ai la chance de rencontrer une psychologue formidable, avec qui bien des choses se débloquent. Avec elle, je fais un travail énorme. Je parviens à exprimer des sentiments et des émotions profondément enfouis en moi. Comme je refuse toujours de parler au juge, c'est encore elle qui me remet sur la voie de la parole et de l'échange. Alors j'écris au juge pour lui dire que je suis prêt à reprendre le travail avec lui.

En parallèle, l'expert psychiatre mandaté pour m'examiner a remis son rapport. Le médecin, qui reconnaît la réalité de mon traumatisme, recommande quelques précautions pour la suite des interrogatoires. Il faut absolument y aller doucement avec moi. Le juge Ricard n'est pas un mauvais bougre. Il prend en compte ma bonne volonté retrouvée et les suggestions du psychiatre. Nos entretiens peuvent redémarrer sur de nouvelles bases. Un respect mutuel s'instaure.

La directrice de la Santé joue un rôle très important durant mon incarcération. Elle vient me voir régulièrement, parle beaucoup avec moi. Avec mon temps de détention qui s'allonge, je commence à déprimer. Le spectre de Guantanamo revient me hanter. Personne ne sait quand tout cela va s'arrêter. Même mes avocats sont dans le brouillard. Je me sens fragile. Au point que je demande à mon frère de dire aux gens de ne plus m'écrire. Je n'ai plus la tête à leur répondre. Le courrier devient plus rare.

Dans ce moment difficile, la directrice multiplie ses petites visites. Elle me redonne espoir. Pour m'occuper l'esprit, elle me pousse à reprendre le chemin des études. Je fais un stage d'informatique, je m'inscris à la préparation du DAU, le diplôme d'accès à l'université. Grâce à son soutien et à celui de la psychologue, je traverse cette période difficile sans dommage.

Les entretiens avec le juge sont très positifs. Dans les derniers mois de 2005, Ricard commence à évoquer ma mise en liberté. Mais il nous recommande la plus grande discrétion, à mes avocats et à moi. En effet, quelques semaines plus tôt, il a remis deux prévenus en liberté. Mais le procureur a fait appel et les deux gars sont retournés en prison. « Alors, pas de bruit. Il faut absolument que les journalistes n'entendent pas parler de ça. Que vous. Si ça sort, c'est mort. »

Le 3 janvier 2006, le juge me convoque dans son cabinet. Nous travaillons comme à l'accoutumée. Il ne fait aucune déclaration particulière. Mais quelque chose d'insaisissable me dit que cette fois, c'est la dernière. Une semaine plus tard, la directrice en personne vient dans ma cellule m'annoncer la bonne nouvelle. Je suis libérable. Aussitôt, un joyeux tintamarre éclate dans toute la division. Nationalistes corses, basques, figures du grand banditisme, tous me font leurs adieux. Une façon pour ces compagnons de détention de me dire combien ils sont contents pour moi et de me souhaiter bonne chance.

Le temps de remplir les formalités nécessaires, de ramasser mes affaires, je me retrouve sur le trottoir, rue de la Santé. J'ai deux cents euros dans la poche, mon sac à la main. Nous sommes le 9 janvier 2005. Je suis libre.

Un peu désemparé, je reste planté devant la porte qui vient de se refermer derrière moi. Heureusement, je croise un détenu placé en régime de semi-liberté qui, lui, rentre pour la nuit dans sa cellule. Il devine mon malaise, s'approche, s'inquiète de savoir si tout va bien. La solidarité entre taulards fonctionne, même devant la porte de la prison. C'est grâce au téléphone portable de ce brave gars que je peux appeler mon avocat pour lui demander de venir me chercher.

En fait, Claire Chaillou a été prévenue par l'administration pénitentiaire, mais elle est en retard. C'est ce qu'elle m'explique au téléphone, et elle me suggère de l'attendre dans un café proche, le temps pour elle d'arriver. Je me mets en route. Drôle d'impression que de marcher ainsi, dans la rue, anonyme parmi les anonymes. Plus de sirènes, plus de cagoules. Je me glisse sans bruit dans la nuit parisienne. Un taxi ralentit à ma hauteur. Claire est là. Je monte. Nous filons vers la gare.

Dès qu'elle a été prévenue de ma sortie imminente, Claire Chaillou a téléphoné à mon frère Aymane. Il a été le fer de lance du combat pour ma libération, il s'est battu nuit et jour, il a traversé l'Atlantique pour plaider ma cause. Il ne peut pas être absent pour mon premier jour de liberté. Il a sauté dans le premier TGV, avec mon meilleur ami, Sam, et les voilà tous les deux, devant moi. Je suis heureux de les serrer dans mes bras. William Bourdon nous a rejoints, pour partager ce moment. Je sais ce qu'il a fait pour moi. Il a bien droit, lui aussi, à une part de bonheur.

Le retour à Lyon m'angoisse. Je suis évidemment totalement heureux de cette liberté retrouvée. Même si elle est assortie de quelques contraintes. Le juge m'a assigné à résidence dans le département de l'Isère, limitrophe de celui du Rhône. Ce n'est pas ça qui m'inquiète. Je viens de surmonter une suite ininterrompue d'épreuves d'une autre envergure. J'appréhende maintenant une plongée trop brutale dans mon ancienne existence. Je me sens très fragile. Je dois y aller doucement. Encore une fois, c'est Aymane qui prend soin de moi. La maison de mes parents est pleine à craquer d'amis et de membres de la famille accourus à l'annonce de mon arrivée. Pour m'éviter ce bain de foule, Aymane prévient mes parents et m'emmène chez lui. C'est là, tranquillement, à l'abri de tout débordement d'émotion, que je peux enfin retrouver les miens. Je suis parti depuis quarante-quatre mois. Cette fois, le voyage est terminé.

Épilogue

Je ne me ferai pas piquer deux fois par la même abeille.

J'ai fait une erreur. J'ai écouté quelqu'un. J'ai cru à ce qu'il m'a raconté. Rien que pour ça, on m'a pris pour l'un des plus dangereux terroristes de la planète. Moi qui n'ai jamais fait de mal à personne !

Cela m'a valu de passer près de quatre années de ma vie derrière les barreaux, dont trente mois dans les pires conditions de détention que l'on puisse imaginer. J'ai réussi à en sortir vivant et la tête toujours sur les épaules.

J'ai appris. La leçon a été chèrement payée. Mais elle est gravée en moi pour toujours. Je ne laisserai plus jamais mon destin entre les mains d'un autre.

Aujourd'hui, je ne supporte plus le moindre soupçon de manipulation. J'ai trop mangé dans cette gamelle pour avoir envie d'y regoûter. Si j'ai ne serait-ce que l'ombre d'un doute, je romps le contact et je passe au large.

Avant une décision importante, je prends désormais le temps de peser le pour et le contre. Je me pose la question de savoir si telle ou telle action va me rapporter ou me nuire, faire plus de bien que de mal autour de moi.

J'étais un fonceur. Je voulais une belle voiture, je faisais tout pour l'avoir. Je voyais une belle femme, je me démenais pour la conquérir. Tout ça, c'est fini. La vie, ce n'est pas un film, ce n'est pas un rêve. J'ai pris réellement conscience de chacun de mes actes, de chacune de mes paroles.

Je veux comprendre le monde avec mes propres yeux et mes propres oreilles. Ne plus avaler les idées toutes faites, ne plus répéter ce que l'autre a dit, ne plus me contenter de généralités.

Je ne suis pas plus religieux qu'avant. J'ai toujours cru en Dieu. C'était une sorte d'évidence pour moi, même si je ne mettais jamais les pieds à la mosquée. Puis il y a eu cette aventure et toutes les épreuves qu'il m'a fallu traverser. La prière m'a aidé à tenir. Elle m'a rapproché des autres, dont le soutien m'était indispensable. Elle m'a donné la force quand j'en manquais, l'espoir quand je n'en avais plus. Je me sens redevable envers cette spiritualité. Alors j'essaie de rendre un peu de ce qu'elle m'a apporté, en faisant mes prières chaque jour.

En agissant de la sorte, je ne veux pas seulement être un « bon musulman ». Je veux être un bon citoyen. Un homme respectable, capable de rendre plus que ce qu'on lui donne. Je n'ai pas oublié, quand j'étais dans la peine, tous ces gens que je ne connaissais pas et qui ont donné de leur temps, de leur énergie, de leur argent, pour me venir en aide. Si j'ai gardé foi en Dieu, j'ai aussi gardé foi en l'Homme.

J'ai fait ce livre pour tenir une promesse. Lorsque je suis sorti de Guantanamo, mes compagnons de détention m'ont dit : « Nizar, dis au monde ce qui se passe ici. »

J'ai fait ce livre pour répondre à ceux qui se sont demandé ce que j'étais allé faire dans cette galère. Leur dire que je ne suis pas né avec une kalachnikov dans les mains. Que je ne suis pas un enfant de Ben Laden. Je suis né en France, élevé à l'école de la République. Je suis français.

J'ai fait ce livre pour remercier ceux qui nous ont soutenus, ma famille et moi. Je ne les oublierai jamais.

Maintenant, je vais recommencer à vivre.

Remerciements

Je souhaite exprimer ici ma gratitude envers toutes celles et tous ceux qui se sont battus pour ma libération.

André Gérin, député maire de Vénissieux, ainsi que son adjoint.

Mes avocats William Bourdon, Jacques Debray, Claire Chaillou.

Vanessa et Colin Redgrave, de la Commission internationale des droits de l'homme de Guantanamo.

Lindsay Graham, sénateur de Caroline du Sud.

L'American Civil Liberties Union (ACLU).

L'équipe de « 90 minutes » de Canal Plus : Manon Loiseau, David André, Fifi.

Le collectif de soutien aux familles : Ounsi, Monder, Dorothée, Hocine, Rami, Bassem, Boualeme, Gringo, Tarek.

L'association « Diversité ».

Toutes les personnes qui ont participé à la réunion du 4 mars 2002 à la salle Érik-Satie à Vénissieux et tous ceux qui ont signé les pétitions de soutien à ma famille.

Le psychiatre de la Santé.

Une pensée particulière à tous mes ex-codétenus de Guantanamo, de Fresnes et surtout de la Santé.

Une place très très particulière pour mon meilleur pote Sam, pour Zoubir, Barbouche, Rofre, Beber, Yace, Fourch, Nono, Zina, Isse, ainsi que pour ma cousine Sonia.

Les familles touchées de la tour 69, de la Darnaise, des Minguettes, et à travers toute la France et ailleurs.

Et toute ma famille.

Table

Introduction	7
1. Jours tranquilles aux Minguettes	9
2. Destination Kandahar	27
3. El Farouk – El Walid	41
4. Le piège	59
5. Tora Bora	71
6. Fin de cavale	83
7. Retour à Kandahar	99
8. Bienvenue à Guantanamo	117
9. Police française	135
10. Prisonnier 325, camp Delta	147
11. Le tunnel	165
12. Fin de partie	179
13. Prison, liberté	193
Épilogue	209
Remerciements	213

*Achevé d'imprimer
par la Société Nouvelle Firmin-Didot
à Mesnil-sur-l'Estrée, en mars 2006.
Dépôt légal : mars 2006.
Numéro d'imprimeur : 78618*

ISBN : 2-207-25861-0/Imprimé en France.

143275